Kochen wie in
Vietnam

Kochen wie in Vietnam

CORINNE TRANG

Parragon
Bath · New York · Singapore · Hong Kong · Cologne · Delhi · Melbourne

Love Food ® is an imprint of Parragon Books Ltd

Entwurf und Realisation: Bridgewater Book Company Ltd
Fotos: Laurie Evans
Ernährungsberater: Carol Tennant

Realisation der deutschen Ausgabe: trans texas publishing, Köln
Übersetzung: Lisa Heilig, Köln

ISBN: 978-1-4075-6766-2
Printed in China

Hinweis

- Sofern die Schale von Zitrusfrüchten benötigt wird, verwenden Sie unbedingt unbehandelte Früchte.
- Sind Zutatenmengen in Löffeln angegeben, ist immer ein gestrichener Löffel gemeint: Ein Teelöffel entspricht 5 ml, ein Esslöffel 15 ml.
- Mit Milch ist immer fettreduzierte Milch mit einem Fettanteil von 1,5 % gemeint.
- Es sollte stets frisch gemahlener schwarzer Pfeffer verwendet werden.
- Einige Rezepte enthalten Nüsse. Allergiker sollten bei Rezepten, in denen Nüsse verarbeitet werden, die Nüsse weglassen.
- Bei Eiern und einzelnen Gemüsesorten, z. B. Kartoffeln, verwenden Sie mittelgroße Exemplare. Kleinkinder, ältere Menschen, Schwangere, Rekonvaleszenten und gesundheitlich beeinträchtigte Personen sollten Rezepte mit rohen oder nur leicht gegarten Eiern meiden.
- Die angegebenen Gar- und Zubereitungszeiten können von den tatsächlichen leicht abweichen, da je nach Zubereitungsart und Herdtyp Schwankungen auftreten können.

Inhalt

Einleitung 6

Historischer und kultureller Hintergrund 6
Die vietnamesische Küche 7
Zutaten und Garmethoden 7
Grundzutaten 8

Suppen, Reis- & Nudelgerichte 12

Scharfsaure Fisch-Ananas-Suppe 14
Spargel-Krebsfleisch-Suppe 16
Rindfleisch-Fondue mit Sardellen-Ananas-Sauce 19
Reisnudelsuppe mit Rindfleisch 20
Reisnudelsuppe mit Garnelen, Tintenfisch & Jakobsmuscheln 22
Reisnudeln mit Fisch, Erdnüssen & Kräutern 24
Hühnchen-Reisbrei mit Zitronengras 27
Reis mit Hühnchen, Minze & Schalotten 28
Knusprige Crêpes mit Schweinefleisch & Garnelen 31
Crêpes mit Bohnensprossen & Shiitake-Pilzen 32
Sommerrollen mit Garnelen 34
Sommerrollen mit Tofu 36
Frühlingsrollen mit Schweinefleisch 39
Gefüllte Krebse 40

Fleisch, Fisch & Meeresfrüchte 42

Knusperfisch mit Tomaten & Kräutern 44
Garnelenröllchen 47
Schweinefleischbällchen 48
Gegrillte Fleischspieße 50
Geschmortes Schweinefleisch in Karamellsud 52
Hühnchen-Curry 55
Gebratene Stubenküken mit Knoblauch 56
Ente in Orangensauce 58
Geschmortes Rindfleisch mit Karotten 61
Rindfleisch in Weinblättern 62

Saucen & Gemüsegerichte 64

Süßsaure Fischsauce 66
Pikante Erdnusssauce 68
Eingelegtes Gemüse 70
Süßsaurer Krautsalat 73
Salat aus grüner Papaya 74
Grünes Wok-Gemüse 77
Gemüse-Curry 78
Gebratener Tofu mit Zitronengrassauce 80

Süßspeisen 82

Tapiokasuppe mit Banane & Kokos 84
Mungbohnensuppe 86
Ausgebackene Bananen 89
Kokoskuchenwürfel 90
Kokosdrink mit Mango 92
Süßer Milchkaffee 94

Register 96

Einleitung

Dieses Buch vermittelt sowohl Kochanfängern als auch erfahrenen Köchen einen wunderbaren Überblick über die vietnamesische Küche. Von einfachen vietnamesischen Gerichten für jeden Tag über Garküchengerichte bis hin zu aufwendigeren Spezialitäten – für jeden Geschmack ist etwas dabei. Die Zutaten und Zubereitungsarten werden ausführlich beschrieben. Die Tipps zu den einzelnen Rezepten geben Ihnen zusätzliche, nützliche Informationen.

Historischer und kultureller Hintergrund

Im Laufe seiner Geschichte wurde Vietnam von mehreren fremden Mächten okkupiert, deren Einflüsse sich natürlich auch auf die kulinarischen Gewohnheiten des Landes niedergeschlagen haben. Chinesen, Franzosen, Japaner und Amerikaner hinterließen ihre Spuren in der vietnamesischen Küche. Durch die fast 1000-jährige chinesische Fremdherrschaft hat die vietnamesische Küche eine chinesische Basis. Die Aromen der Speisen sind jedoch etwas feiner als in der chinesischen Küche. Im Mittelalter war Vietnam Teil des Khmer-Reichs, wodurch die Gewürze und traditionelle Zubereitungsarten Kambodschas und Indiens ins Land gelangten. Durch die rund 100-jährige französische Kolonialzeit hinterließ die französische Küche ebenfalls nachhaltig ihre kulinarischen Spuren in Vietnam. Die US-Amerikaner brachten im Vietnamkrieg die Bevölkerung mit Fast Food und Snacks in Berührung. Heute ist die einzigartige vietnamesische Küche auf der ganzen Welt sehr beliebt.

Die vietnamesische Küche

Die vietnamesische Küche gehört zu den ältesten Fusion-Küchen der Welt. Der chinesische Einfluss wird in der Verwendung von Wok und Stäbchen sowie bei Gartechniken wie dem Pfannenrühren und Dämpfen erkennbar. Nudeln und Frühlingsrollen, die ihren Ursprung in China haben, finden sich auch in der vietnamesischen Küche wieder. Baguettes, Spargel und Crêpes sind ganz klar französischer Herkunft. Der indische Einfluss äußert sich im Gebrauch der vielen aromatischen Gewürze und in der Vorliebe für Curry-Gerichte im Süden Vietnams.

Die Vietnamesen geben Gerichten, die sie aus anderen kulinarischen Traditionen übernehmen, immer eine ganz eigene Note. Anders als in anderen asiatischen Küchen wird in Vietnam viel Rohkost verspeist. So werden gegrillte Fleisch- und Fischgerichte mit rohem Gemüse und Kräutern serviert, die als *Sa lach dia* (Tischsalat) bezeichnet werden. Im Gegensatz zu den scharfen indischen und thailändischen Currys, die traditionell mit Reis serviert werden, sind vietnamesische Currys eher mild und werden mit Reisnudeln oder auch frischem Baguette gereicht.

Zutaten und Garmethoden

In der vietnamesischen Küche werden einfache und schnelle Garmethoden bevorzugt. Ein Wok oder eine große Pfanne, ein Topf und ein Bratrost ist alles, was Sie zur Zubereitung eines vietnamesischen Essens brauchen. Französische Gerichte werden in Vietnam gern durch lokale Produkte kreativ ergänzt und vietnamesisch interpretiert. So wird beispielsweise die Ente in Orangensauce mit Fischsauce verfeinert und das geschmorte Rindfleisch mit Karotten mit Kokoswasser aromatisiert.

Auch in ihren Garmethoden ist die vietnamesische Küche sehr kreativ. So werden im Nationalgericht, der Reisnudelsuppe *Pho*, die rohen Zutaten in einer dampfend heißen Brühe in der Suppenschale gar gezogen, mit Gewürzen verfeinert und mit frischen Kräutern serviert. Diese vietnamesische Spezialität ist eine vollwertige Mahlzeit und sollte nicht als Vorspeise serviert werden.

Grundzutaten

Einige Zutaten sind für ein vietnamesisches Menü unerlässlich. Dazu gehören Fischsauce, Knoblauch, Zitronengras, Thai-Chillies, Ingwer und Frühlingszwiebeln. Probieren Sie auch die folgenden, in Vietnam sehr beliebten Gewürze:

Cassia-Zimtrinde

Dies ist die Rinde des immergrünen, aus China stammenden Cassia-Zimtbaumes. Im Gegensatz zum Ceylon-Zimt schmeckt sie etwas kräftiger und würziger.

Fischsauce

Diese wird aus fermentierten Sardellen oder Makrelen hergestellt und dient in der vietnamesischen Küche nicht nur als Salzersatz, sondern auch als Würzzutat. Sie wird sowohl beim Kochen verwendet als auch zum Nachwürzen am Tisch gereicht. Fischsauce sollte eine goldgelbe bis hellbraune Farbe haben. Dabei gilt: Je heller desto hochwertiger. Je älter die Fischsauce ist, desto dunkler wird sie auch. Einmal geöffnet hält sie sich bis zu 9 Monaten im Kühlschrank.

Fonds

Fonds sollten nicht zu stark aufgekocht werden, da sie sich sonst trüben. Das an der Oberfläche schwimmende Fett kann mit einem Schaumlöffel abgeschöpft werden. Fonds halten sich im Kühlschrank bis zu 3 Tagen.

Frühlingszwiebelöl

Dieses Öl wird zum Würzen unmittelbar vor dem Essen auf die Speise geträufelt. Durch langes Erhitzen würde die kräftige Zwiebelnote verloren gehen. Ein Bund Frühlingszwiebeln in 5 mm dicke Ringe schneiden. In einem Topf 80 ml Pflanzenöl bei mittlerer Hitze erwärmen und die Frühlingszwiebeln darin 2–3 Minuten anbraten, bis sie zu duften beginnen. Vom Herd nehmen und abkühlen lassen. Das Öl hält sich bis zu einer Woche im Kühlschrank.

Gebratene Schalottenringe

Gebratene Schalottenringe dienen der Garnierung vietnamesischer Speisen und verleihen ihnen ein süßliches Aroma. 8 große Schalotten in feine Scheiben schneiden und in einzelne Ringe trennen. In einem Topf 125 ml Pflanzenöl bei mittlerer Hitze erwärmen und die Schalotten darin 3-5 Minuten goldbraun und knusprig braten. Mit einem Schaumlöffel herausnehmen und auf Küchenpapier abtropfen lassen.

Geröstetes Reismehl

Dieses bindet und aromatisiert Fleischbällchen und Fischküchlein. Etwa 250 g Langkornreis in einer Pfanne trocken rösten, bis er eine goldgelbe Farbe angenommen hat. Dabei an der Pfanne rütteln, damit die Körner nicht anbrennen. Die Reiskörner in eine Gewürzmühle geben und zu einem feinen Pulver mahlen. (Sollte in etwa die Konsistenz von Kaffeepulver haben.) Reismehl lässt sich in einem luftdicht verschließbaren Behälter bis zu 3 Monaten aufbewahren.

Grüne Papaya

Die unreifen Früchte des Papayabaums gelten in Vietnam als Gemüse. Sie haben eine dunkelgrüne Schale und hellgrünes Fruchtfleisch, das für Suppen und Salate verwendet wird. Das weiche orange Fleisch der reifen Früchte ist kein Ersatz.

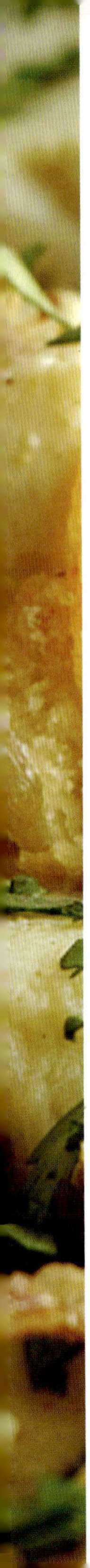

Hoisin-Sauce

Diese dickflüssige chinesische Sauce besteht aus roten Bohnen, Sojasauce, Knoblauch, Chillies und Gewürzen.

Kaffir-Limettenblätter

Sie verströmen ein feines Zitronenaroma und wachsen in Form einer Acht. Verwenden Sie für die Rezepte das ganze Blatt.

Knoblauchöl

Mit diesem aromatischen Öl werden meist Suppen beträufelt. Erwärmen Sie 80 ml Pflanzenöl in einem kleinen Topf bei mittlerer Hitze und dünsten Sie darin 8 fein gehackte Knoblauchzehen etwa 3-5 Minuten, bis sie goldbraun sind. Das Öl leicht abkühlen lassen und in einen luftdicht verschließbaren Behälter füllen. Zum Würzen das Öl samt Knoblauchstückchen über die Speisen träufeln. Knoblauchöl hält sich im Kühlschrank bis zu einer Woche.

Mexikanischer Koriander (Langer Koriander)

Diese Korianderart wird in Thailand als Blattgemüse verwendet und ähnelt im Geschmack dem Korianderkraut.
Es ist in asiatischen oder südamerikanischen Lebensmittelgeschäften erhältlich.

Reisnudeln

Getrocknete Reisnudeln sollten etwa 30 Minuten in warmem Wasser eingeweicht und dann gekocht werden. Vermicelli werden 3-5 Sekunden, Bandnudeln 5-10 Sekunden gegart.

Reispapier

Die dünnen getrockneten Reispapierblätter gibt es in unterschiedlichen Größen und Formen. Einmal eingeweicht, sollten die Blätter nicht mehr aufeinandergelegt werden, da sie sonst zusammenkleben.

Sternanis

Sein Aroma erinnert an das von Süßholz. Sternanis wird zum Würzen als Ganzes in Suppen und Currys mitgekocht und vor dem Servieren entfernt.

Tamarindenpaste

Diese dunkelbraune Paste aus Tamarinden hat ein säuerliches Aroma mit einer süßen Note. Die Paste ist im Gegensatz zu frischen Schoten oder dem in Blöcken angebotenen Tamarindenmark frei von Fasern und Kernen. Falls nur Tamarindenmark erhältlich ist, können Sie ein Stück in der doppelten Menge heißem Wasser auflösen. Dann durch ein Haarsieb passieren und das Konzentrat auffangen. Die Kerne entsorgen.

Thai-Basilikum

Thai-Basilikum hat ein feines Süßholzaroma und kann nicht durch italienisches Basilikum ersetzt werden. Falls Sie kein Thai-Basilikum erhalten, können Sie stattdessen Korianderblätter oder asiatische Minze verwenden.

Thai-Chillies

Die kleinen Thai-Chili-Schoten sind sehr scharf. In den Rezepten werden meist rote Thai-Chillies verwendet, die aber auch durch grüne ersetzt werden können. Um die scharfen Kerne zu entfernen, schneiden Sie den Stil ab und rollen die Schote zwischen Daumen und Zeigefinger. Auf diese Weise fallen die Kerne einfach aus der Schote heraus.

Zitronengras

Zitronengras verströmt ein sehr frisches Zitronenaroma. Die harten Außenblätter sollten entfernt werden, ebenso die Wurzel und die trockenen grünen Blattenden. Der weiße, etwa 15-20 cm lange untere Teil des Stängels wird zum Kochen verwendet.

Suppen, Reis- & Nudelgerichte

Reis ist eines der Grundnahrungsmittel in Vietnam. Er wird nicht nur als Beilage oder als Reisgericht serviert, sondern auch in Form von Reisnudeln. Diese werden häufig als Suppeneinlage oder Füllung für Crêpes und Frühlingsrollen verwendet.

Probieren Sie unbedingt die berühmte nordvietnamesische Reisnudelsuppe *Pho*, bei der zarte Rinderfiletstreifen in einer heißen Brühe gegart werden. Die gefüllten Crêpes können als Zwischenmahlzeit oder Hauptspeise serviert werden. Eine echte vietnamesische Spezialität sind die Sommerrollen, und das Rindfleisch-Fondue ist das perfekte Gericht für einen geselligen Abend mit Freunden.

Scharfsaure Fisch-Ananas-Suppe

Canh ca nau dua

Für 6 Personen

500 g Steinbeißer- oder Kabeljaufilet ohne Haut, in große Würfel geschnitten

Salz und Pfeffer

50 g Tamarindenpaste

250 g Ananasfleisch, in mundgerechte Stücke geschnitten

1 große vollreife Tomate, gehäutet, entkernt und in 8 Spalten geschnitten

2 rote Thai-Chillies, entkernt und in feine Ringe geschnitten

1 EL Fischsauce

12 frische Thai-Basilikumblätter, zerzupft

6 Blätter mexikanischer Koriander, zerzupft, oder 10 g frische Korianderblätter

Knoblauchöl, zum Beträufeln

Fischfond

3 l Wasser

1 kg Fischkarkassen

25 g Ingwerwurzel, in feine Scheiben geschnitten

4 Frühlingszwiebeln, zerdrückt

2–3 EL Fischsauce

Säuerliche Suppen sind in Südostasien wegen ihrer kühlenden Wirkung sehr beliebt. Die vietnamesische Variante wird mit Chili und Tamarinde gewürzt und traditionell als Erfrischung zwischen den Gängen gereicht.

Für den Fond Wasser und Fischkarkassen in einen großen Topf geben und bei starker Hitze zum Kochen bringen. Dann die Hitze auf niedrige Stufe reduzieren, Ingwer, Frühlingszwiebeln und Fischsauce zugeben und 1 1/2 Stunden köcheln lassen, bis der Fond auf die Hälfte reduziert ist; dabei regelmäßig den Schaum abschöpfen. Den Fond durch ein Sieb in einen sauberen Topf passieren.

Die Fischwürfel in eine Schüssel geben, salzen und pfeffern. Die Schüssel mit Frischhaltefolie abdecken und für 30 Minuten in den Kühlschrank stellen.

Den Fond bei mittlerer Hitze erwärmen. Tamarindenpaste, Ananas, Tomate, Chillies und Fischsauce zufügen und 10 Minuten garen. Die Fischstücke zugeben und 5 Minuten mitköcheln, bis sie gerade gar sind. Wenn sie zu lange kochen, fällt der Fisch auseinander.

Die Suppe auf Suppenschalen verteilen. Mit Basilikum und Koriander bestreuen und mit dem Knoblauchöl beträufeln. Sofort servieren.

Spargel-Krebsfleisch-Suppe

Sup mang tai cua

Für 6 Personen

400 g gegartes Krebsfleisch

500 g grüner oder weißer Spargel, in 2 cm lange Stücke geschnitten

Salz und Pfeffer

2 große Eiweiß, leicht verquirlt

1 EL Speisestärke

2 EL Wasser

frische Korianderblätter, zum Garnieren

Fond

3 l Wasser

1 kg Hühnerkarkassen oder Krebsschalen

25 g Ingwerwurzel, in feine Scheiben geschnitten

4 Frühlingszwiebeln, fein gehackt

2–3 EL Fischsauce

Die Franzosen brachten eingelegten Spargel nach Vietnam, der dort als „Bambus des Westens" bezeichnet wird. Diese Suppe ist die vietnamesische Variation der französischen Spargelcremesuppe (*Velouté d'asperges*).

Für den Fond das Wasser mit den Hühnerkarkassen oder Krebsschalen in einen großen Topf geben und bei starker Hitze zum Kochen bringen; dann die Hitze auf mittlere Stufe reduzieren. Ingwer, Frühlingszwiebeln und Fischsauce zugeben und 1½ Stunden köcheln lassen, bis der Fond auf die Hälfte reduziert ist; dabei regelmäßig den Schaum abschöpfen. Den Fond durch ein Sieb in einen sauberen Topf passieren.

Den Fond bei mittlerer Hitze erwärmen und Krebsfleisch und Spargelstücke zugeben. Mit Salz und Pfeffer würzen und den Topf bedecken. Die Suppe etwa 5 Minuten ziehen lassen.

Das Eiweiß in einem dünnen Strahl und unter Rühren in die Suppe geben und diese weitere 2 Minuten erwärmen. Speisestärke und Wasser verquirlen, in die Suppe rühren und diese etwas andicken lassen. Auf Suppenschalen verteilen, mit Koriander garnieren und sofort servieren.

Rindfleisch-Fondue mit Sardellen-Ananas-Sauce

Bo nhung dam

Für 6 Personen

1 Kopf- oder Eissalat, Blätter getrennt

1 große Karotte, in dünne Stifte geschnitten

1 kleine Gurke, geschält, längs halbiert, entkernt und in dünne Scheiben geschnitten

12 Stängel frisches Thai-Basilikum, zerzupft

12 frische mexikanische Korianderblätter, zerzupft

120 g getrocknete Reis-Vermicelli, in Wasser eingeweicht und abgetropft

24 getrocknete dreieckige Reispapierblätter

700–900 g Rinderfiletsteak, in feine Scheiben geschnitten

1 Portion Sardellen-Ananas-Sauce (siehe Tipp)

Essigbrühe

1 EL Pflanzenöl

1 Stängel Zitronengras

2 große Knoblauchzehen, zerdrückt

1 große Schalotte oder 1/2 kleine rote Zwiebel, fein geschnitten

350 ml Reisessig

250 ml Wasser

50 g Zucker

1/2 TL geröstetes Sesamöl

Dieses Gericht ist eine Spezialität aus dem Norden Vietnams und wird meist zu besonderen Anlässen serviert. In Restaurants, die sich auf *Bo bay mon* (Rind auf sieben Arten) spezialisiert haben, wird es als erster Gang angeboten.

Für die Essigbrühe das Öl in einem metallenen Fonduetopf über der Flamme des Fonduestövchens erhitzen. Die äußeren Blätter und den Wurzelansatz vom Zitronengras entfernen. Den Stängel halbieren und zerdrücken. Knoblauch, Schalotte und Zitronengras in das erhitzte Öl geben und 5 Minuten pfannenrühren, bis die Zutaten zu duften beginnen. Essig, Wasser, Zucker und Sesamöl zugeben und unter Rühren sanft köcheln lassen.

Salatblätter, Karotte, Gurke, Basilikum und Korianderblätter auf einer großen Platte anrichten.

In einem großen Topf Wasser zum Kochen bringen. Die Vermicelli in ein großes Metallsieb geben und dieses für 5–7 Sekunden in den Topf tauchen, bis die Nudeln al dente sind. Die Vermicelli abtropfen lassen und dann ebenfalls auf der Platte mit dem Gemüse anrichten.

Eine große Schale mit lauwarmem Wasser füllen und die Reispapierblätter in Portionen darin einweichen, bis sie weich sind und sich falten lassen. Gut abtropfen lassen und neben dem Gemüse auf der Platte anrichten.

Einige Rindfleischstreifen etwa 30 Sekunden in der köchelnden Essigbrühe garen. Ein Reispapierblatt mit einem Salatblatt belegen und darauf Rindfleisch, Vermicelli, Karotte, Gurke, Basilikum und Koriander legen. Das Reispapierblatt aufrollen, in die Sardellen-Ananas-Sauce tauchen und verzehren.

Tipp

Für die Sardellen-Ananas-Sauce 250 g fein gehacktes Fruchtfleisch einer vollreifen Ananas, 6 in Öl eingelegte und abgetropfte Sardellenfilets, 1 große zerdrückte Knoblauchzehe und 1 Teelöffel Zucker in einen Mörser geben und zu einer groben Paste verarbeiten. 1 entkernte und fein gehackte Thai-Chili, 1 Esslöffel Reisessig und etwa 60 ml frisch gepressten Zitronensaft zugeben und sorgfältig verarbeiten. In eine Servierschale füllen und als Dip reichen.

Reisnudelsuppe mit Rindfleisch

Pho bo

Für 6 Personen

1 Zwiebel, in feine Streifen geschnitten

200 g Bohnensprossen

12 Stängel frisches Thai-Basilikum, zerzupft

12 frische mexikanische Korianderblätter, zerzupft, oder 12 Stängel frischer Koriander, gehackt

4 rote Thai-Chillies, entkernt und in feine Ringe geschnitten

2 Limetten, in je 6 Spalten geschnitten

500 g getrocknete Reis-Vermicelli, in Wasser eingeweicht und abgetropft

450 g Rinderfiletsteak, in feine Scheiben geschnitten

angebratene Schalottenringe, zum Garnieren

Hoisin-Sauce, zum Servieren

Rinderfond

1,8 kg Ochsenschwanz

4 l Wasser

1 große Zwiebel, geschält

6 Gewürznelken

120 g Ingwerwurzel, in Scheiben geschnitten und zerdrückt

6 Sternanise

7,5–10-cm-Stück Cassia-Zimtrinde

2 EL Fischsauce, plus etwas mehr zum Abschmecken

Salz und Pfeffer

Pho bo wurde ursprünglich zum Frühstück oder als Zwischenmahlzeit eingenommen. Heute wird diese aromatisch duftende Suppe, bei der die Zutaten in der Servierschale gegart werden, auch als Mittag- oder Abendessen gereicht.

In einem großen Topf reichlich Wasser aufkochen und den Ochsenschwanz darin 15 Minuten köcheln lassen. Abgießen und abtropfen lassen. Den Topf ausspülen, den Ochsenschwanz und das abgemessene Wasser hineingeben und bei starker Hitze zum Kochen bringen; dann die Hitze auf die niedrigste Stufe reduzieren. Die Zwiebel mit den Nelken spicken und mit Ingwer, Sternanis, Zimtrinde, Fischsauce, Salz und Pfeffer zu dem Ochsenschwanz geben. Etwa 3 Stunden köcheln lassen, bis der Fond auf die Hälfte reduziert ist; dabei regelmäßig den Schaum abschöpfen. Den Fond durch ein Sieb in einen sauberen Topf passieren.

Den Fond bei mittlerer Hitze erneut erwärmen und mit Fischsauce abschmecken. Die Zwiebelstreifen zufügen und gut verrühren.

Bohnensprossen, Basilikum, Koriander, Chillies und Limettenspalten auf einer großen Platte anrichten.

In einem Topf Wasser zum Kochen bringen. Die Vermicelli in 6 Portionen teilen. Je eine Nudelportion in ein Metallsieb geben und dieses für etwa 5–7 Sekunden in das Wasser tauchen, bis die Nudeln al dente sind.

Die Nudeln abtropfen lassen und in eine Suppenschale geben. Den Vorgang mit den restlichen Nudelportionen wiederholen.

Je 8 Rindfleischstreifen auf den Nudeln anrichten und mit jeweils 350 ml kochend heißer Brühe übergießen.

Bohnensprossen, Basilikum, Koriander, Chillies und Schalotten in die Schalen geben und jede Portion mit dem Saft aus 2 Limettenspalten beträufeln. Mit Hoisin-Sauce servieren.

Reisnudelsuppe mit Garnelen, Tintenfisch & Jakobsmuscheln

Hu tieu do bien

Für 6 Personen

1 Zwiebel, in Streifen geschnitten

200 g Bohnensprossen

12 frische Stängel Thai-Basilikum, zerzupft

12 frische mexikanische Korianderblätter, zerzupft, oder 12 Stängel frischer Koriander, gehackt

4 rote Thai-Chillies, entkernt und in feine Ringe geschnitten

500 g getrocknete Reisbandnudeln

18 rohe Riesengarnelen, ausgelöst und Darmfäden entfernt

12 große Jakobsmuscheln, halbiert

12 küchenfertige Baby-Tintenfische, in 1 cm breite Ringe geschnitten

Knoblauchöl, zum Beträufeln

Limettenspalten, zum Servieren

Fond

1 mittelgroßer getrockneter Tintenfisch (aus dem Asia-Shop)

3,5 l Wasser

1,3 kg magere Schweinerippchen, in einzelne Rippen zerteilt

200 g eingelegter Daikon (japanischer Rettich)

2 EL Fischsauce, plus etwas mehr zum Abschmecken

1 EL Sojasauce (nach Belieben)

Salz und Pfeffer

Diese Reisnudelsuppe mit Meeresfrüchten ist eine Spezialität aus den südlichen Provinzen Vietnams. Die Brühe aus getrocknetem Tintenfisch, Schweinsknochen und eingelegtem Daikon schmeckt süßlich und kräftig.

Für den Fond den Tintenfisch mit einer Küchenzange über die Flamme des Gasherds halten und unter häufigem Drehen anrösten. Alternativ dazu den Backofengrill vorheizen, den Tintenfisch auf den Rost legen und einige Minuten grillen. Den Tintenfisch kurz abkühlen lassen, dann häuten oder die verkohlte Außenmembran abschaben.

Wasser, Tintenfisch, Rippchen, Daikon, Fischsauce und Sojasauce, falls verwendet, in einen großen Topf geben und bei starker Hitze zum Kochen bringen. Die Hitze auf die geringste oder mittlere Stufe reduzieren und den Fond mit Salz und Pfeffer würzen. Etwa 3 Stunden köcheln lassen, bis der Fond auf die Hälfte reduziert ist; dabei regelmäßig den Schaum abschöpfen. Den Fond durch ein Sieb in einen sauberen Topf passieren.

Den Fond bei mittlerer Hitze erneut erwärmen und mit Fischsauce abschmecken. Die Zwiebelstreifen zufügen und gut verrühren.

Bohnensprossen, Basilikum, Koriander, Chillies und Limettenspalten auf einer Platte anrichten.

In einem Topf Wasser zum Kochen bringen. Die Reisbandnudeln in 6 Portionen teilen. Je eine Nudelportion in ein Metallsieb geben und dieses für etwa 5–7 Sekunden in das Wasser tauchen, bis die Nudeln al dente sind. Die Nudeln abtropfen lassen und in eine Suppenschale geben. Den Vorgang mit den restlichen Nudelportionen wiederholen.

Das Wasser weiter köcheln lassen und die Garnelen und Jakobsmuscheln jeweils 1 Minute darin garen. Den Tintenfisch zugeben und alles weitere 30 Sekunden köcheln lassen. Die Meeresfrüchte abgießen, abtropfen lassen und gleichmäßig auf die Suppenschalen verteilen. Mit jeweils 350 ml Brühe übergießen.

Bohnensprossen, Basilikum, Koriander und Chillies in die Schalen geben. Nach Belieben mit Fischsauce abschmecken, mit dem Knoblauchöl beträufeln und mit den Limettenspalten servieren.

Reisnudeln mit Fisch, Erdnüssen & Kräutern

Cha ca

Für 6 Personen

250 g getrocknete Reis-Vermicelli, in Wasser eingeweicht und abgetropft

80 g Reis- oder Weizenmehl

1/2 TL gemahlene Kurkuma

Salz und Pfeffer

1 kg Weißfischfilet, z. B. Steinbeißer oder Flunder, in 2 cm große Würfel geschnitten

Pflanzenöl, zum Frittieren, plus 2 EL mehr zum Braten

4 Frühlingszwiebeln, in 2,5 cm lange Stücke geschnitten

50 g geröstete ungesalzene Erdnüsse

24 frische Thai-Basilikumblätter

24 frische Dillstängel

24 frische Korianderstängel

süßsaure Fischsauce (siehe Seite 66), zum Servieren

In der Cha-ca-Straße in Hanois Französischem Viertel reiht sich ein Restaurant an das andere. In fast jedem wird diese Fischspezialität serviert. Traditionell wird der Fisch auf frischen handgemachten Reisnudeln namens *Bun* angerichtet.

In einem Topf Wasser zum Kochen bringen. Die Vermicceli in 6 Portionen teilen. Je eine Nudelportion in ein Metallsieb geben und dieses für etwa 5–7 Sekunden in das Wasser tauchen, bis die Nudeln al dente sind. Die Nudeln abtropfen lassen und in eine Suppenschale geben. Den Vorgang mit den restlichen Nudelportionen wiederholen.

Mehl, Kurkuma, Salz und Pfeffer in einen Gefrierbeutel geben und gut vermischen. Die Fischwürfel zugeben, den Beutel verschließen und erneut schütteln, um die Fischstücke gleichmäßig mit der Mehlmischung zu überziehen.

In einem großen Topf Öl zum Frittieren auf 180–190 °C erhitzen (ein Brotwürfel bräunt darin in 30 Sekunden). Die Fischwürfel in kleinen Portionen in das heiße Öl geben und 2–3 Minuten goldbraun und knusprig frittieren. Mit einem Schaumlöffel herausnehmen und auf Küchenpapier abtropfen lassen. Die Fischstücke gleichmäßig auf die Schalen verteilen.

Die 2 Esslöffel Öl in einem Wok oder einer Pfanne erhitzen. Frühlingszwiebeln und Erdnüsse hineingeben und 1 Minute pfannenrühren. Basilikum, Dill und Koriander zufügen und alles weitere 1–2 Minuten pfannenrühren. Die Kräutermischung gleichmäßig auf dem Fisch verteilen und nach Belieben mit süßsaurer Fischsauce servieren.

Hühnchen-Reisbrei mit Zitronengras

Chao ga

Für 6 Personen

1 Stängel Zitronengras

2–3 rote Thai-Chillies, entkernt und in feine Ringe geschnitten

450 g Jasminreis

650 g Hähnchenbrustfilets, ohne Haut, in Streifen geschnitten

Salz und Pfeffer

20 g mexikanischer Koriander, in feine Streifen geschnitten, oder frischer Koriander, gehackt, zum Garnieren

1 Limette, in 6 Spalten geschnitten, zum Servieren

Hühnerbrühe

4 l Wasser

1 kg Hühnerkarkasse mit etwas Fleisch

2 Stängel Zitronengras

4 Frühlingszwiebeln, zerdrückt

2–3 EL Fischsauce, plus etwas mehr zum Abschmecken

Reisbrei ist in Asien sehr beliebt und wird auch als Schonkost bei Magenbeschwerden empfohlen. Bei dieser vietnamesischen Variante wird der Reisbrei mit Zitronengras und Chillies aromatisiert.

Für die Brühe Wasser und Hühnerkarkassen in einen großen Topf geben und bei starker Hitze zum Kochen bringen. In der Zwischenzeit die äußeren Blätter und den Wurzelansatz der beiden Zitronengrasstängel entfernen. Den unteren weißen Teil halbieren und etwas zerdrücken. Die Hitze auf kleine bis mittlere Stufe reduzieren. Zitronengras, Frühlingszwiebeln und Fischsauce zur Brühe geben und alles $2\frac{1}{2}$ Stunden köcheln lassen, bis die Brühe auf die Hälfte reduziert ist; dabei regelmäßig den Schaum abschöpfen. Die Brühe durch ein Sieb in eine Schüssel passieren. 2 Liter der Brühe in einen sauberen Topf geben, die restliche Brühe für ein anderes Rezept verwenden. Das Fleisch von der Hühnerkarkasse lösen und klein schneiden.

Die abgemessene Brühe zum Kochen bringen. In der Zwischenzeit die äußeren Blätter und den Wurzelansatz des Zitronengrasstängels entfernen und den unteren weißen Teil fein reiben. Die Hitze auf kleine bis mittlere Stufe reduzieren. Zitronengras und Chillies in die Brühe geben und alles 30 Minuten köcheln lassen. Mit der Fischsauce abschmecken.

Den Reis in die Brühe rühren, den Topf lose abdecken und alles 1 Stunde köcheln lassen. Das Hühnerfleisch untermischen und die Suppe weitere 10 Minuten garen. Mit Salz und Pfeffer abschmecken.

Den Reisbrei auf Schalen verteilen, mit Koriander garnieren und mit Limettenspalten servieren.

Reis mit Hühnchen, Minze & Schalotten

Rau thom com ga

Für 6 Personen

450 g Jasminreis

2–3 Schalotten, fein gehackt

20 g frische Minzeblätter, in sehr feine Streifen geschnitten (siehe Tipp)

süßsaure Fischsauce (siehe Seite 66), zum Servieren

Hühnerbrühe

2 l Wasser

1 Suppenhuhn (etwa 1 kg)

25 g Ingwerwurzel, in feine Scheiben geschnitten

4 Frühlingszwiebeln, zerdrückt

2–3 EL Fischsauce

Bei diesem Rezept wird aus dem Suppenhuhn zunächst eine Brühe zubereitet, dann wird das Hühnchen zerkleinert und mit Minze und Schalotten unter den gegarten Reis gemischt.

Für die Brühe Wasser und Hühnchen in einen großen Topf geben und bei starker Hitze zum Kochen bringen. Die Hitze auf kleine bis mittlere Stufe reduzieren. Ingwer, Frühlingszwiebeln und Fischsauce zur Brühe geben und alles 1½ Stunden köcheln lassen, bis die Brühe auf die Hälfte reduziert ist; dabei regelmäßig den Schaum abschöpfen.

Das Hühnchen auf einen großen Teller heben und das Fleisch von Knochen und Haut lösen. Dann das Fleisch zerkleinern und beiseitestellen. Die Brühe durch ein Sieb in eine Schüssel passieren. Etwa 700 ml der Brühe in einen sauberen Topf geben, die restliche Brühe für ein anderes Rezept verwenden.

Den Reis in eine Schüssel geben. Mit kaltem Wasser bedecken und rühren, damit die Stärke gelöst wird. Dann den Reis abgießen und abtropfen lassen. Den Vorgang zweimal wiederholen, bis das Wasser klar bleibt. Den Reis zu der abgemessenen Brühe in den Topf geben.

Den Topf bedecken und die Brühe zum Kochen bringen. Die Hitze auf kleine bis mittlere Stufe reduzieren und den Reis 20–25 Minuten garen, bis die Brühe vollständig absorbiert ist. Vom Herd nehmen und 10 Minuten ziehen lassen. Dann den Reis mit einer Gabel auflockern.

Schalotten, Minze und Fleisch unter den Reis mischen. Auf Servierschalen verteilen und mit süßsaurer Fischsauce servieren.

Tipp

So lassen sich Minzeblätter in besonders feine Streifen schneiden: Die Blätter aufeinanderlegen und wie eine Zigarre der Länge nach fest aufrollen. Nun mit einem scharfen Messer quer in sehr feine Streifen schneiden. Kräuter erst direkt vor dem Servieren schneiden oder hacken, damit sich die Blätter nicht verfärben.

Knusprige Crêpes mit Schweinefleisch & Garnelen

Banh xeo

Ergibt etwa 18 Stück

250 g Reismehl

1/4 TL gemahlene Kurkuma

125 ml Kokosmilch

Pflanzenöl, zum Braten

350 g Schweinefilet, in feine Scheiben geschnitten

350 g rohe Riesengarnelen, ausgelöst, Darmfäden entfernt und längs halbiert

300 g Bohnensprossen

1 Kopf- oder Eissalat, in einzelne Blätter getrennt

2 Karotten, in feine Stifte geschnitten

1 kleine Gurke, geschält, längs halbiert, entkernt und in feine Scheiben geschnitten

frische Minzeblätter

süßsaure Fischsauce (siehe Seite 66), zum Servieren

Die Vietnamesen verfeinern die französischen Crêpes mit typisch asiatischen Aromen und bereiten sie dünner und knuspriger zu. Der Name *Banh xeo* ist eine Anspielung auf das Zischen, sobald der Teig in die Pfanne gegeben wird.

Mehl und Kurkuma in eine Schüssel geben. Eine Vertiefung in die Mitte drücken und die Kokosmilch hineingießen. Die Zutaten nach und nach zu einem glatten Teig verrühren. Beiseitestellen.

1 Esslöffel Öl in einem Wok oder einer Pfanne erhitzen. Das Schweinefleisch zugeben und 3 Minuten pfannenrühren, bis es durchgegart ist. Das Fleisch mit einem Schaumlöffel aus dem Wok heben und in eine Schüssel geben. Nun die Garnelen in den Wok geben und 1–2 Minuten pfannenrühren, bis sie fast gar sind. Die Bohnensprossen zufügen und weitere 30 Sekunden unter Rühren braten. Die Garnelenmischung zum Fleisch geben und alles gut vermengen.

Etwa 1 Teelöffel Öl in einer 20 cm großen Crêpe-Pfanne erhitzen. 60 ml Teig in die Pfanne geben; dabei die Pfanne schwenken, damit sich der Teig rasch und gleichmäßig darin verteilt.

Die Crêpe backen, bis sie auf der unteren Seite knusprig ist und sich am Rand anheben lässt. Etwas Schweinefleischmischung auf einer Crêpe-Hälfte verteilen und dabei einen Rand lassen. Die andere Crêpe-Hälfte über die Füllung falten und die Crêpe auf einen Teller heben. Mit dem restlichen Teig und der Füllung ebenso verfahren.

Die Crêpes vierteln und jedes Viertel in die Mitte eines Salatblattes legen. Etwas Karotte, Gurke und Minze zugeben und das Salatblatt zusammenfalten. In die Fischsauce dippen.

Tipp

Achten Sie beim Kauf unbedingt darauf, dass es sich um normales Reismehl und nicht um Klebereismehl handelt, sonst erhalten die Crêpes nicht die gewünschte Konsistenz.

Crêpes mit Bohnensprossen & Shiitake-Pilzen

Banh xeo cai

Ergibt etwa 18 Stück

250 g Reismehl

1/4 TL gemahlene Kurkuma

125 ml Kokosmilch

Pflanzenöl, zum Braten

3 Frühlingszwiebeln, längs halbiert und in 2,5 cm lange Stücke geschnitten

300 g Bohnensprossen

8–10 große frische Shiitake-Pilze, Stiele entfernt und Kappen in feine Streifen geschnitten

1 Kopfsalat, in einzelne Blätter getrennt

2 Karotten, in feine Stifte geschnitten

1 kleine Gurke, geschält, längs halbiert, entkernt und in feine Scheiben geschnitten

frische Minzeblätter

süßsaure Fischsauce (siehe Seite 66), zum Servieren

Für dieses herrlich leichte Gericht werden Bohnensprossen, Shiitake-Pilze und Frühlingszwiebeln pfannengerührt und auf einer knusprigen Crêpe verteilt. Die Crêpe wird gefaltet und mit Salat, Karotte und Gurke serviert.

Mehl und Kurkuma in eine Schüssel geben. Eine Vertiefung in die Mitte drücken und die Kokosmilch hineingießen. Die Zutaten nach und nach zu einem glatten Teig verrühren. Beiseitestellen.

1 Esslöffel Öl in einem Wok oder einer Pfanne erhitzen. Die Frühlingszwiebeln zugeben und 3 Minuten pfannenrühren. In eine Schüssel geben. Nun die Bohnensprossen in die Pfanne geben und 30 Sekunden unter Rühren anbraten. Die Pilze zufügen und weitere 1–2 Minuten pfannenrühren. Den Pfanneninhalt zu den Frühlingszwiebeln geben und alles gut vermengen.

1 Teelöffel Öl in einer 20 cm großen Crêpe-Pfanne erhitzen. 60 ml Teig in die Pfanne geben; dabei die Pfanne schwenken, damit sich der Teig rasch und gleichmäßig darin verteilt. Die Crêpe backen, bis sie knusprig ist und sich am Rand anheben lässt. Etwas Frühlingszwiebelmischung auf einer Crêpe-Hälfte verteilen und dabei einen Rand lassen. Die andere Crêpe-Hälfte über die Füllung falten und die Crêpe auf einen Teller heben. Mit dem restlichen Teig und der Füllung ebenso verfahren.

Die Crêpes vierteln und jedes Viertel in die Mitte eines Salatblattes legen. Etwas Karotte, Gurke und Minze zugeben und das Salatblatt zusammenfalten. In die Fischsauce dippen.

Sommerrollen mit Garnelen

Goi cuon

Ergibt 12 Stück

- 120 g getrocknete Reis-Vermicelli, in Wasser eingeweicht und abgetropft
- 250 g Schweinefilet am Stück
- 18 rohe Riesengarnelen
- 12 runde Reispapierblätter (20 cm Ø)
- 1 Kopf- oder Eissalat, in einzelne Blätter getrennt und Mittelrippen herausgeschnitten
- 1 große Karotte, in feine Stifte geschnitten
- 1 kleine Gurke, geschält, längs halbiert, entkernt und in feine Scheiben geschnitten
- 24 große frische Minzeblätter
- 12 kleine, dünne Frühlingszwiebeln
- Erdnusssauce (siehe Seite 68), zum Servieren

Sommerrollen werden im Gegensatz zu Frühlingsrollen nicht frittiert. Sie sind ein Renner in vietnamesischen Restaurants und lassen sich auch einfach zu Hause herstellen. Meist werden die Rollen vor dem Verzehr in Erdnusssauce getunkt.

Einen Topf mit Wasser füllen und dieses zum Kochen bringen. Die Vermicelli in ein Metallsieb geben und dieses für etwa 5–7 Sekunden in das Wasser tauchen, bis die Nudeln al dente sind. Die Nudeln im Sieb abtropfen lassen, in 12 Portionen teilen und bis zur Weiterverarbeitung mit Frischhaltefolie abdecken.

Das Schweinefilet im kochenden Nudelwasser 20 Minuten garen. Die Garnelen zugeben und weitere 1–2 Minuten garen. Fleisch und Garnelen abgießen, abtropfen und auskühlen lassen. Dann das Filet gegen die Faser in Scheiben schneiden. Die Garnelen auslösen, Darmfäden entfernen und längs halbieren.

Die Reispapierblätter trennen und immer nur 1–2 Stück in einer mit warmem Wasser gefüllten flachen Form 1–2 Minuten einweichen, bis sie weich sind und sich falten lassen.

Ein sauberes Geschirrtuch auf der Arbeitsfläche ausbreiten. Das weiche Reispapier aus dem Wasser nehmen und auf das Tuch legen. Mit einem weiteren Tuch trocken tupfen. Nun die Reispapierblätter jeweils mit 3 Garnelenhälften, 1 Salatblatt, 1 Portion Vermiccelli, etwas Karotte und Gurke, 2 Filetscheiben und 2 Minzeblättern belegen; dabei etwa 2,5 cm Abstand zum unteren Reispapierrand lassen. Den unteren Rand nun über die Füllung falten und die Seiten fest darüberschlagen. Ein Stück Frühlingszwiebel so darauflegen, dass die Enden seitlich herausragen und alles fest aufrollen. Die Sommerrollen auf einer Servierplatte anrichten und mit Erdnusssauce servieren.

Sommerrollen mit Tofu

Goi cuon dau phu

Ergibt 12 Stück

120 g getrocknete Reis-Vermicelli, in Wasser eingeweicht und abgetropft

2 EL Pflanzenöl

450 g schnittfester Tofu, abgetropft und in 1 cm dicke Scheiben geschnitten

12 runde Reispapierblätter (20 cm Ø)

1 Kopf- oder Eissalat, in einzelne Blätter getrennt und Mittelrippen herausgeschnitten

1 große Karotte, in dünne Stifte geschnitten

1 kleine Gurke, geschält, längs halbiert, entkernt und in feine Scheiben geschnitten

24 große frische Minzeblätter

12 kleine, dünne Frühlingszwiebeln

Erdnusssauce (siehe Seite 68), zum Servieren

Diese Tofurollen sind die vegetarische Variante der klassischen Sommerrollen mit Garnelen und Schweinefleisch. Sie werden ebenfalls mit einer pikanten Erdnusssauce *(Nuoc cham dau phong)* serviert und schmecken einfach köstlich.

Einen Topf mit Wasser füllen und dieses zum Kochen bringen. Die Vermicelli in ein Metallsieb geben und dieses für etwa 5–7 Sekunden in das Wasser tauchen, bis die Nudeln al dente sind. Die Nudeln im Sieb abtropfen lassen, in 12 Portionen teilen und bis zur Weiterverarbeitung mit Frischhaltefolie abdecken.

Das Öl in einem Wok oder einer großen Pfanne erhitzen. Den Tofu zugeben und von allen Seiten goldbraun anbraten. Aus dem Wok nehmen und auf Küchenpapier abtropfen lassen. Die Tofuscheiben längs in dicke Stifte schneiden.

Die Reispapierblätter trennen und immer nur 1–2 Stück in einer mit warmem Wasser gefüllten flachen Form 1–2 Minuten einweichen, bis sie weich sind und sich falten lassen.

Ein sauberes Geschirrtuch auf der Arbeitsfläche ausbreiten. Das weiche Reispapier aus dem Wasser nehmen und auf das Tuch legen. Mit einem weiteren Tuch trocken tupfen. Nun die Reispapierblätter jeweils mit einem Salatblatt, 1 Portion Vermiccelli, etwas Karotte und Gurke, 2 Tofustiften und 2 Minzeblätter belegen; dabei etwa 2,5 cm Abstand zum unteren Reispapierrand lassen. Den unteren Rand nun über die Füllung falten und die Seiten fest darüberschlagen. Ein Stück Frühlingszwiebel so darauflegen, dass das grüne Ende seitlich herausragt und alles fest aufrollen. Die Tofurollen auf einer Platte anrichten und mit Erdnusssauce servieren.

Tipp

Es gibt viele verschiedene Tofusorten, die sich auch in ihrer Konsistenz unterscheiden. Wählen Sie unbedingt schnittfesten Tofu. Weiche Tofusorten, beispielsweise Seidentofu, fallen beim Anbraten schnell auseinander.

Frühlingsrollen mit Schweinefleisch

Cha gio

Ergibt 36 Stück

36 dreieckige Reispapierblätter oder 9 große runde Reispapierblätter (25 cm Ø), geviertelt

Pflanzenöl, zum Frittieren

1 Kopf- oder Eissalat, in einzelne Blätter getrennt

1 große Karotte, in dünne Stifte geschnitten

1 kleine Gurke, geschält, längs halbiert, entkernt und in feine Scheiben geschnitten

36 große frische Minzeblätter

Salz und Pfeffer

Erdnusssauce (siehe Seite 68), zum Servieren

Füllung

6 getrocknete Mu-err-Pilze

50 g getrocknete Glasnudeln, in Wasser eingeweicht, abgetropft und gehackt

500 g Schweinemett

1 kleine Zwiebel, fein gehackt

1 kleine Karotte, geraspelt

1 großes Ei

Salz und Pfeffer

Die mit Schweinefleisch gefüllten Frühlingsrollen stammen ursprünglich aus China. Sie werden meist zu besonderen Gelegenheiten, beispielsweise dem Mondfest, zubereitet.

Die Mu-err-Pilze etwa 30 Minuten in lauwarmem Wasser einweichen, dann abtropfen, fein hacken und in eine große Schüssel geben. Die restlichen Zutaten für die Füllung zugeben und alles gut vermengen.

Die Reispapierblätter trennen und immer nur 1–2 Stück in einer mit warmem Wasser gefüllten flachen Form 1–2 Minuten einweichen, bis sie weich sind und sich falten lassen.

Ein sauberes Geschirrtuch auf der Arbeitsfläche ausbreiten. Je ein Blatt Reispapier aus dem Wasser nehmen und mit der Spitze nach unten auf das Tuch legen. Mit einem weiteren Tuch trocken tupfen. Jeweils 2 Esslöffel von der Füllung zu einer kleinen Rolle formen und längs in die Mitte des Reispapierblattes legen. Die Spitze fest über die Füllung schlagen und die Seiten einschlagen. Das Reispapier nun fest aufrollen. Mit den restlichen Reispapierblättern und der Füllung ebenso verfahren.

Einen mittelgroßen Topf zu etwa einem Drittel mit Öl füllen und dieses auf 180–190 °C erhitzen (ein Brotwürfel bräunt darin innerhalb von 30 Sekunden). Die Frühlingsrollen portionsweise 3–5 Minuten goldbraun und knusprig frittieren; dabei mehrmals wenden und darauf achten, dass sie nicht zusammenkleben. Aus dem Topf heben und auf Küchenpapier abtropfen lassen.

Salatblätter, Karotte, Gurke und Minze auf einer großen Platte anrichten. Je eine Frühlingsrolle mit etwas Karotte, Gurke und einem Minzeblatt auf ein Salatblatt geben. Mit Erdnusssauce servieren.

Gefüllte Krebse

Cua farci

Für 6 Personen

8 getrocknete Mu-err-Pilze

10 g getrocknete Glasnudeln, eingeweicht und abgetropft

900 g gegartes Krebsfleisch

500 g Schweinemett

1 große Schalotte, fein gehackt

1 große Knoblauchzehe, fein gehackt

2 große Eier

Salz und Pfeffer

60 ml Pflanzenöl oder Butter

Zum Servieren

Frühlingszwiebelöl (siehe Seite 9)

Erdnusssauce (siehe Seite 68)

Farci bedeutet auf Französisch „gefüllt". Falls Sie frische Krebse kaufen und das Krebsfleisch selbst garen, sollten Sie die Schalen aufbewahren und als Förmchen für die Füllung verwenden.

Die Mu-err-Pilze etwa 30 Minuten in lauwarmem Wasser einweichen, dann abtropfen lassen und fein hacken. Den Backofen auf 190 °C vorheizen.

In der Zwischenzeit Glasnudeln, Mu-err-Pilze, Krebsfleisch, Schweinemett, Schalotte, Knoblauch und Eier in eine Schüssel geben. Mit Salz und Pfeffer würzen und alles gut vermengen.

Die Krebsfleischmischung auf 6 Krebsschalen, falls vorhanden, oder Ramequin-Förmchen verteilen und mit etwas Öl oder Butter bestreichen. Die Schalen auf ein Backblech setzen und 25–30 Minuten im Ofen backen, bis die Füllung eine goldbraune Farbe angenommen hat. Mit Frühlingszwiebelöl und Erdnusssauce servieren.

Tipp

Glasnudeln haben im getrockneten Zustand eine milchig-weiße Farbe und werden erst „glasig" und durchsichtig, sobald sie gegart werden. Sie sind sehr geschmacksneutral, weshalb sie in der asiatischen Küche gern auch als Zutat für Füllungen verwendet werden. Reis-Vermicelli, die häufig mit Glasnudeln verwechselt werden, sind kein guter Ersatz. Chinesische Glasnudeln, die aus Mungobohnenstärke hergestellt werden, sind meist feiner als die koreanischen und japanischen Varianten aus Kartoffelstärke und sollten für vietnamesische Rezepte bevorzugt werden.

Fleisch, Fisch & Meeresfrüchte

Fleisch, Fisch und Meeresfrüchte sind ein wichtiger Bestandteil der vietnamesischen Küche. Dieses Kapitel beinhaltet einige vietnamesische Klassiker – von knusprig frittiertem Fisch über gegrilltes oder geschmortes Fleisch bis hin zu Ente in Orangensauce.

Alle Gerichte werden wahlweise mit Reis, Nudeln oder französischem Baguette serviert. Für ein einfaches Mittag- oder Abendessen können Sie die Gerichte mit Reis und eingelegtem Gemüse oder einem Salat kombinieren. Bei einem Festessen wird in Vietnam sowohl ein Fisch- oder Meeresfrüchtegericht als auch ein Fleischgericht mit Wok-Gemüse, einem Salat, Reis und einer Suppe gereicht.

Knusperfisch mit Tomaten & Kräutern

Ca chien sot ca chua

Für 6 Personen

150 g Mehl

Salz und Pfeffer

6 Steinbeißer- oder Flunderfilets (à 200 g)

4–6 EL Pflanzenöl

2 große Knoblauchzehen, in feine Scheiben geschnitten

4 vollreife Tomaten, geviertelt

1 EL Fischsauce

12 frische Dillstängel

12 frische Korianderstängel

12 frische Thai-Basilikumblätter

Zum Servieren

gegarter Jasminreis

süßsaure Fischsauce (siehe Seite 66)

Der Mekong-Fluss und sein Delta sind sehr fischreich, wodurch Fisch in diesem Gebiet sehr häufig verzehrt wird. Vor allem Steinbeißer (auch Catfish genannt) steht häufig auf der Speisekarte.

Mehl, Salz und Pfeffer in einen Gefrierbeutel geben und gut vermischen. Den Fisch zugeben, den Beutel verschließen und gut schütteln, um die Fischfilets gleichmäßig mit der Mehlmischung zu überziehen.

2 Esslöffel Öl in einem Wok oder einer großen Pfanne erhitzen. Die Fischfilets portionsweise 5–7 Minuten von beiden Seiten goldbraun und knusprig braten; dabei nach Bedarf etwas Öl nachgießen. Die Fischfilets auf einer Servierplatte anrichten und warm halten.

In einem sauberen Wok oder einer großen Pfanne 1 Esslöffel Öl erhitzen. Den Knoblauch zugeben und goldgelb andünsten. Tomaten und Fischsauce zufügen und so lange dünsten, bis die Tomaten weich sind. Mit Salz und Pfeffer abschmecken und die Tomatenmischung auf den Fischfilets verteilen. Den Wok ausspülen und 1 Esslöffel Öl darin erhitzen. Dill, Koriander und Basilikum zugeben und 1–2 Minuten pfannenrühren. Ebenfalls über die Fischfilets verteilen. Die Fischfilets mit Jasminreis und süßsaurer Fischsauce servieren.

Garnelenröllchen

Chao tom

Für 6 Personen

900 g rohe Riesengarnelen, ausgelöst, Darmfäden entfernt und fein gehackt

100 g geröstetes Reismehl

3 EL Pflanzenöl

1 TL Zucker

1 TL Backpulver

2 Frühlingszwiebeln, fein gehackt

Salz und Pfeffer

1 Karotte, in dünne Stifte geschnitten

1 kleine Gurke, geschält, längs halbiert, entkernt und in feine Scheiben geschnitten

12 frische Minzeblätter

1 Kopf- oder Eissalat, in einzelne Blätter getrennt

süßsaure Fischsauce (siehe Seite 66), zum Servieren

Frische Garnelen werden fein gehackt und mit geröstetem Reismehl und Frühlingszwiebeln vermengt. Traditionell wird die Masse dann an Zuckerrohrstücke gedrückt und gegrillt, wodurch die Röllchen zusätzlich aromatisiert werden.

Garnelen, 2 Esslöffel Mehl, 2 Esslöffel Öl, Zucker, Backpulver und Frühlingszwiebeln in eine große Schüssel geben, mit Salz und Pfeffer würzen und gut vermengen.

Das restliche Mehl auf einem Teller verteilen. Die Garnelenmasse in 12 gleich große Portionen teilen und diese zu jeweils 4 cm langen Röllchen formen. Die Röllchen im Mehl wenden und auf einen Teller legen.

Das restliche Öl in einer großen Pfanne erhitzen. Die Garnelenröllchen portionsweise hineingeben und rundum goldbraun und knusprig braten.

Jedes Garnelenröllchen mit etwas Karotte, Gurke und einem Minzeblatt auf ein Salatblatt legen. Mit süßsaurer Fischsauce servieren.

Schweinefleischbällchen

Nem nuong

Diese Fleischbällchen werden mit Fischsauce und Palmzucker aromatisiert. Dazu werden Erdnusssauce und frisches Gemüse gereicht. Sie können als Teil einer Hauptspeise oder auch als kleine Appetithäppchen serviert werden.

Für 6 Personen

2 EL Fischsauce

1 EL Zucker

1 kleine Schalotte, fein gehackt

1 Knoblauchzehe, fein gehackt

Pfeffer

500 g Schweinemett

1 EL Pflanzenöl

1 Karotte, in dünne Stifte geschnitten

1 kleine Gurke, geschält, längs halbiert, entkernt und in feine Scheiben geschnitten

12 frische Minzeblätter

1 Kopf- oder Eissalat, in einzelne Blätter getrennt

Erdnusssauce (siehe Seite 68), zum Servieren

Fischsauce und Zucker in einer Schüssel verrühren, bis sich der Zucker vollständig aufgelöst hat. Schalotte, Knoblauch und Pfeffer zufügen und vermischen. Das Schweinemett zugeben und alles gut vermengen. Die Schüssel mit Frischhaltefolie abdecken und die Fleischmischung etwa 1 Stunde im Kühlschrank ziehen lassen.

Aus der Hackfleischmasse kleine Bällchen formen und diese auf einen Teller legen.

Das Öl in einer großen Pfanne erhitzen. Die Fleischbällchen portionsweise hineingeben und rundum goldbraun braten.

Jedes Fleischbällchen mit etwas Karotte, Gurke und einem Minzeblatt auf ein Salatblatt geben. Mit der Erdnusssauce servieren.

Gegrillte Fleischspieße

Suon nuong xa

Für 6 Personen

2 Stängel Zitronengras

60 ml Fischsauce

50 g Zucker

2 EL Pflanzenöl

2 große Knoblauchzehen, zerdrückt

700–900 g Schweinefilet, in dünne Scheiben geschnitten

Zum Servieren

gegarter Jasminreis

süßsaure Fischsauce (siehe Seite 66), zum Servieren

Für die Spieße wird mageres Schweinefleisch verwendet, da es relativ schnell durchgart. Die aromatischen Spieße können mit Reis und eingelegtem Gemüse oder aber mit Reisnudeln, frischem Gemüse und Kräutern serviert werden.

24 lange Holzspieße etwa 30 Minuten in Wasser einweichen.

In der Zwischenzeit die äußeren Blätter und den Wurzelansatz der Zitronengrasstängel entfernen und den unteren weißen Teil fein reiben. Fischsauce und Zucker in einer Schüssel verrühren, bis sich der Zucker vollständig aufgelöst hat. Öl, Zitronengras und Knoblauch zugeben und vermischen. Das Schweinefleisch zufügen und alles gut vermengen. Die Schüssel abdecken und das Fleisch etwa 20 Minuten im Kühlschrank marinieren. Den Holzkohle- oder Backofengrill vorheizen.

Die Fleischscheiben auf die Holzspieße verteilen und daraufstecken. Die Fleischspieße von jeder Seite etwa 2 Minuten grillen, bis das Fleisch gar ist. Die Fleischspieße mit Reis und Fischsauce servieren.

Geschmortes Schweinefleisch in Karamellsud

Thit heo kho nuoc dua

Für 6 Personen

70 g Zucker
2 EL Wasser
750 ml Kokoswasser (nicht Kokosmilch!) oder Wasser
120 ml Fischsauce
1,3 kg Schweinshaxe mit Schwarte und Knochen
6 Frühlingszwiebeln, zerdrückt
50 g Ingwerwurzel, zerdrückt
6 große Knoblauchzehen, zerdrückt
4 getrocknete rote Chillies
6 Sternanise
1/2 TL Fünf-Gewürze-Pulver
6 Eier, hart gekocht und geschält
gegarter Jasminreis, zum Servieren

Dieses Schmorgericht ist die vietnamesische Variante eines chinesischen Schweinefleischgerichtes. In Vietnam wird das Fleisch mit Fischsauce und Kokoswasser aromatisiert und mit Sternanis und Chillies gewürzt.

Zucker und Wasser in einem großen Topf verrühren und etwa 8 Minuten bei mittlerer Hitze köcheln lassen, bis sich der Zucker aufgelöst hat und ein hellbrauner Karamell entstanden ist. Den Topf vom Herd nehmen, Kokoswasser und Fischsauce zugießen und gut verrühren.

Die Schweinshaxen in den Karamell geben und mehrmals darin wenden. Frühlingszwiebeln, Ingwer, Knoblauch, Chillies, Sternanis und Fünf-Gewürze-Pulver zufügen und gut vermengen. Den Topf bedecken und die Haxen 4 Stunden bei mittlerer Hitze schmoren, bis sich das Fleisch leicht vom Knochen lösen lässt.

Die Eier zugeben und mehrmals im Sud wenden. Weitere 5 Minuten garen, bis die Eier eine hellbraune Farbe angenommen haben. Dann die Eier aus dem Sud heben, halbieren und beiseitestellen.

Die Haxen aus dem Sud heben, das Fleisch vom Knochen lösen, klein schneiden und zurück in den Topf geben. Gut verrühren. Das Servierschalen verteilen und mit den Eiern und Jasminreis servieren.

Tipp

Sie können auch Schweineschulter verwenden, die etwas magerer ist als Schweinshaxe. Der hohe Gelatineanteil in der Haxe verleiht diesem Gericht jedoch die gewünschte Konsistenz. Da die Eier zweimal gegart werden, sind sie relativ trocken und sollten mit reichlich Sud verzehrt werden.

Hühnchen-Curry

Ga ca-ri

Für 6 Personen

2 Stängel Zitronengras

60 ml Pflanzenöl

3 große Knoblauchzehen, zerdrückt

1 große Schalotte, in feine Ringe geschnitten

2 EL indisches Currypulver

750 ml Kokosmilch

500 ml Kokoswasser oder Hühnerbrühe

2 EL Fischsauce

4 frische rote Thai-Chillies

6 Kaffir-Limettenblätter

6 ausgelöste Hähnchenkeulen oder Hähnchenbrustfilets (à 250 g), in 5 cm große Stücke geschnitten

1 große weiße Yamswurzel oder Süßkartoffel, in 2,5 cm große Würfel geschnitten

2 Thai-Auberginen, in 2,5 cm große Würfel geschnitten

300 g Prinzessbohnen

2 Karotten, diagonal in 1 cm dicke Scheiben geschnitten

gegarter Jasminreis oder Baguette, zum Servieren

Zum Garnieren

12 frische Thai-Basilikumblätter

gebratene Schalottenringe (siehe Seite 9)

Dieses vietnamesische Gericht ist eine Variation der indischen Hühnchen-Currys und wird mit Fischsauce und Zitronengras aromatisiert. Currys werden in Vietnam nicht nur mit Reis, sondern häufig auch mit knusprigem Baguette serviert.

Die äußeren Blätter und den Wurzelansatz der Zitronengrasstängel entfernen und den unteren weißen Teil in feine Ringe schneiden.

Das Öl in einem Wok oder einem großen Topf erhitzen. Knoblauch und Schalotte zugeben und goldgelb dünsten. Zitronengras und Currypulver zufügen und weitere 2 Minuten dünsten, bis das Currypulver anfängt zu duften. Mit Kokosmilch, Kokoswasser und Fischsauce ablöschen. Chillies und Limettenblätter zugeben und zum Kochen bringen. Dann die Hitze reduzieren und Hühnchenfleisch, Yamswurzel, Auberginen, Bohnen und Karotten zugeben. Den Topf bedecken und alles etwa 20–30 Minuten köcheln lassen, bis Fleisch und Gemüse gar sind.

Mit Basilikumblättern und gebratenen Schalotten garnieren und mit Jasminreis oder Baguette servieren.

Gebratene Stubenküken mit Knoblauch

Ga nuong toi

Für 6 Personen

- 250 ml Pilz-Sojasauce
- 120 g Palmzucker oder brauner Zucker
- 2 EL Pflanzenöl
- 6 große Knoblauchzehen, zerdrückt
- 2 EL grob gemahlener schwarzer Pfeffer
- 6 küchenfertige Stubenküken (à 250 g) oder 12 Wachteln (à 120 g)

Zum Servieren

- gegarter Jasminreis
- eingelegtes Gemüse (siehe Seite 70)

Die Marinade für dieses Gericht wird in ganz Südostasien zum Marinieren von Geflügel verwendet. Sie eignet sich auch als Marinade für Entenfleisch oder Rindersteaks. Dieses Gericht wird meist mit eingelegtem Gemüse und Reis serviert.

Den Backofen auf 230 °C vorheizen. Sojasauce und Zucker in einer großen Schüssel verrühren, bis sich der Zucker vollständig aufgelöst hat. Öl, Knoblauch und Pfeffer zugeben und gut vermischen. Die Stubenküken hineingeben und mehrmals in der Marinade wenden. Die Schüssel abdecken und die Stubenküken 30–60 Minuten im Kühlschrank marinieren lassen.

Eine Fettpfanne oder ein Blech unter den Ofenrost schieben. Die Stubenküken mit der Brustseite nach unten auf den Rost legen und 30–45 Minuten im Ofen braten, bis sie gar sind und die Haut knusprig ist; dabei nach der Hälfte der Zeit wenden. (Falls Sie Wachteln verwenden, sollten diese etwa 5–7 Minuten mit der Brustseite nach oben gebraten werden. Die Wachteln wenden und weitere 10–15 Minuten braten, bis sie gar sind und die Haut knusprig ist.)

Die Stubenküken auf Tellern anrichten und mit Jasminreis und eingelegtem Gemüse servieren.

Ente in Orangensauce

Vit nau cam

Für 6 Personen

1 EL Pflanzenöl

6 ganze Entenkeulen (à 250 g)

2 Stängel Zitronengras

8 große Knoblauchzehen, zerdrückt

50 g Ingwerwurzel, in feine Scheiben geschnitten

6 Frühlingszwiebeln, 4 zerdrückt und 2 fein gehackt, zum Garnieren

1 l frisch gepresster Orangensaft

frisch gepresster Saft von 2 Limetten

60 ml Fischsauce

1 EL Zucker

1 TL Fünf-Gewürze-Pulver

6 Sternanise

4 frische rote Thai-Chillies

500–750 ml Wasser

Salz und Pfeffer

Zum Servieren

gegarter Jasminreis

Limettenspalten

Dieses Gericht ist eine Abwandlung des französischen Klassikers *Canard à l'orange*. Das Fleisch wird so lange geschmort, bis es fast vom Knochen fällt, und schmeckt besonders gut mit Reis und grünem Wok-Gemüse (siehe Seite 77).

Das Öl in einem großen Topf oder Bräter erhitzen. Die Entenkeulen zugeben und 20 Minuten von allen Seiten scharf anbraten.

In der Zwischenzeit die äußeren Blätter und den Wurzelansatz des Zitronengrases entfernen und den unteren weißen Teil halbieren und zerdrücken.

Die Entenkeulen auf einen Teller geben und warm halten. Das Fett aus dem Topf bis auf etwa 1 Esslöffel abgießen. Den Topf zurück auf den Herd stellen und das Fett erhitzen. Knoblauch, Ingwer und zerdrückte Frühlingszwiebeln zugeben und 5 Minuten goldgelb dünsten. Mit Orangen- und Limettensaft ablöschen. Fischsauce, Zucker, Fünf-Gewürze-Pulver, Zitronengras, Sternanis und Chillies einrühren. Die Hitze auf kleine Stufe reduzieren und die Entenkeulen zurück in den Topf geben. So viel Wasser zugießen, dass die Keulen 2,5 cm hoch bedeckt sind. Den Topf lose bedecken und die Entenkeulen 3–4 Stunden schmoren, bis sich das Fleisch leicht vom Knochen lösen lässt. Den Sud mit Salz und Pfeffer abschmecken.

Die Entenkeulen auf Teller verteilen und mit den gehackten Frühlingszwiebeln garnieren. Mit Jasminreis und Limettenspalten servieren.

Tipp

Rindfleisch aus Vorder- und Hinterhesse eignet sich perfekt zum Schmoren und schmeckt auch ausgezeichnet mit dieser gewürzten Orangensauce. Falls Sie die Entenkeulen durch Rindfleisch ersetzen möchten, benötigen Sie etwa 1,3 kg in große Würfel geschnittenes Schmorfleisch, das etwa 4–5 Stunden bei geringer Hitze gegart wird.

Geschmortes Rindfleisch mit Karotten

Bo kho ca rot

Für 6 Personen

80 ml Fischsauce

60 g Zucker

1 TL Fünf-Gewürze-Pulver

1,8 kg Rinderschmorfleisch aus der hohen Rippe oder 1,3 kg aus der Vorder- oder Hinterhesse, in 5 cm große Stücke geschnitten

3 Stängel Zitronengras

1 EL Pflanzenöl

8 große Knoblauchzehen, zerdrückt

6 Schalotten, geschält

80 g Ingwerwurzel, in feine Scheiben geschnitten

1,2 l Kokoswasser (keine Kokosmilch!) oder Wasser

6 Sternanise

4-cm-Stück Cassia-Zimtrinde

4 frische rote Thai-Chillies

500–750 ml Wasser

4 große Karotten, diagonal in 1 cm dicke Scheiben geschnitten

Salz und Pfeffer

gegarter Jasminreis, zum Servieren

Das *Bœuf aux carottes* brachten die französischen Kolonialherren nach Vietnam. Die vietnamesischen Köche interpretierten den französischen Klassiker mit asiatischen Gewürzen neu und verliehen ihm dadurch viel mehr Schärfe und Würze.

Fischsauce und Zucker in einer großen Schüssel verrühren, bis sich der Zucker vollständig aufgelöst hat. Das Fünf-Gewürze-Pulver unterrühren. Das Fleisch zugeben und mehrmals darin wenden. Fleisch und Marinade in einen großen Gefrierbeutel geben, diesen fest verschließen und für 6 Stunden in den Kühlschrank stellen; dabei den Beutel jede Stunde einmal wenden.

Die äußeren Blätter und den Wurzelansatz der Zitronengrasstängel entfernen und den unteren weißen Teil halbieren und zerdrücken.

Das Öl in einem Bräter erhitzen. Knoblauch, Schalotten und Ingwer zugeben und 5 Minuten goldbraun dünsten. Mit dem Kokoswasser ablöschen. Zitronengras, Sternanis, Zimtrinde und Chillies einrühren. Die Hitze auf kleine Stufe reduzieren und das Fleisch samt Marinade in den Bräter geben. Mit so viel Wasser auffüllen, dass das Fleisch 2,5 cm hoch bedeckt ist. Den Topf lose bedecken und das Fleisch 2 Stunden schmoren lassen. Die Karotten zugeben und alles weitere 2–3 Stunden schmoren, bis das Fleisch gar und zart ist. Mit Salz und Pfeffer abschmecken.

Das Gericht auf Tellern anrichten und mit Jasminreis servieren.

Rindfleisch in Weinblättern

Bo la lot

Ergibt 36 Stück

1 Stängel Zitronengras

550 g mageres Rinderhack

1 große Schalotte, fein gehackt

1 große Knoblauchzehe, fein gehackt

1 EL Palmzucker oder Zucker

1 EL Fischsauce

36 Weinblätter in Lake, mehrmals gewässert, abgetropft und vom Stängelansatz befreit

2 EL Pflanzenöl, plus etwas mehr zum Grillen (nach Bedarf)

süßsaure Fischsauce (siehe Seite 66), zum Servieren

Dieses Gericht wird traditionell mit Betelblättern (*La lot*) zubereitet, die jedoch außerhalb Südostasiens nur selten erhältlich sind. Weinblätter sind ein hervorragender Ersatz.

Sollten die Röllchen auf dem Holzkohlegrill gegart werden, 12 lange Holzspieße 30 Minuten in Wasser einweichen (siehe auch Tipp).

In der Zwischenzeit die äußeren Blätter und den Wurzelansatz des Zitronengrases entfernen. Den unteren weißen Teil halbieren und etwas zerdrücken.

Rinderhack, Schalotte, Knoblauch, Zitronengras, Zucker und Fischsauce in eine große Schüssel geben und sorgfältig vermengen.

Ein Weinblatt, die Spitze nach unten gerichtet, auf einer sauberen Arbeitsfläche ausbreiten. Etwa 1 Esslöffel Füllung zu einer 4 cm langen Rolle formen und diese etwa 2,5 cm über die Spitze des Weinblattes legen. Nun die Spitze über die Füllung klappen, dann die beiden Seiten einschlagen und das Blatt aufrollen. Mit den restlichen Weinblättern und der verbleibenden Füllung ebenso verfahren.

Den Holzkohle- oder Backofengrill vorheizen oder eine beschichtete Grillpfanne erhitzen. Jeweils 2 Holzspieße parallel halten und 6 gefüllte Weinblätter daraufspießen. Dabei einen kleinen Abstand zwischen den Weinblättern lassen, damit sie besser durchgaren. Die Röllchen dünn mit dem Öl bestreichen.

Die Röllchen auf einen Holzkohlegrill oder den Rost des Backofengrills legen und 2 Minuten von jeder Seite grillen, bis die Weinblätter knusprig sind. Alternativ dazu die Röllchen portionsweise in die Grillpfanne geben und 2–3 Minuten von jeder Seite anbraten, bis die Weinblätter kross sind. Auf einer Servierplatte anrichten und mit Fischsauce servieren.

Tipp

Mittlerweile sind auch abgeflachte Holzspieße erhältlich, auf denen sich die aufgespießten Zutaten nicht mehr drehen können.

Saucen & Gemüsegerichte

Saucen und Gemüsegerichte werden in Vietnam zu jeder Mahlzeit gereicht. Ein einfaches Mahl kann beispielsweise aus Reis und eingelegtem oder pfannengerührtem Gemüse bestehen, das mit süßsaurer Fischsauce (*Nuoc cham*) gewürzt wird. Süßsaure Fischsauce oder pikante Erdnusssauce (*Nuoc cham dau phong*) werden in Vietnam zu fast jedem Gericht gereicht.

Viele Gemüsesorten werden in Reisessig und Zucker oder in einer Fischsaucenmarinade eingelegt. Unreife Früchte, beispielsweise grüne Papaya, sind eine beliebte Salatzutat. Grünes Blattgemüse wird meist pfannengerührt und als Beilage zu Fleisch- oder Fischspeisen serviert.

Süßsaure Fischsauce

Nuoc cham

Ergibt etwa 500 ml

- 180 ml Fischsauce
- 120 g Zucker
- 180 ml frisch gepresster Limetten- oder Zitronensaft
- 1 große Knoblauchzehe, zerdrückt, fein gehackt oder in Scheiben geschnitten
- 1–2 rote Thai-Chillies, entkernt und halbiert oder in feine Ringe geschnitten

Diese Sauce verfeinert in Vietnam fast jedes Gericht. Sie enthält Limettensaft, Fischsauce sowie Zucker und wird mit Knoblauch und Chillies aromatisiert. Sie können die Menge an Knoblauchzehen und Chillies nach Geschmack variieren.

Fischsauce und Zucker in eine Schüssel geben und so lange verrühren, bis sich der Zucker vollständig aufgelöst hat.

Limettensaft, Knoblauch und Chillies zugeben und vor dem Servieren mindestens 20 Minuten ziehen lassen.

Tipp

Es gibt viele Variationen der *Nuoc cham*. Manche bevorzugen die Sauce eher salzig, andere wiederum eher sauer oder süßer. Je feiner der Knoblauch und die Chillies zerkleinert werden, desto schärfer wird die Sauce. Für eine mildere Variante sollte der Knoblauch nur zerdrückt und die Chillies nur halbiert werden.

Pikante Erdnusssauce

Nuoc cham dau phong

Ergibt etwa 350 ml

- 2 EL Pflanzenöl
- 1 große Knoblauchzehe, fein gehackt
- 150 g trocken geröstete ungesalzene Erdnüsse, gemahlen
- 250 ml Hühnerbrühe
- 250 ml Kokosmilch
- 2 EL Fischsauce
- 50 g Tamarindenpaste
- 50 ml Hoisin-Sauce
- 3 EL Palmzucker oder Zucker
- 2 rote Thai-Chillies, entkernt und fein gehackt

Erdnusssauce ist in ganz Südostasien beliebt. Die vietnamesische Variante wird mit Hühnerbrühe, Tamarindenkonzentrat und Chillies zubereitet und schmeckt dadurch etwas aromatischer und leichter als chinesische oder indonesische Sorten.

Das Öl in einem kleinen Topf erhitzen. Den Knoblauch zugeben und goldbraun braten. Die Erdnüsse zufügen und einige Minuten anbraten, bis sie anfangen zu bräunen.

Mit Brühe, Kokosmilch und Fischsauce ablöschen. Tamarindenpaste, Hoisin-Sauce, Zucker und Chillies einrühren und zum Kochen bringen. Dann die Hitze reduzieren und 30 Minuten sanft köcheln lassen, bis die Sauce um die Hälfte reduziert ist.

Tipp

Für eine schnelle Erdnusssauce 125 ml Wasser, 125 ml Hoisin-Sauce und 125 ml Erdnusscreme ohne Stückchen glatt rühren.

Eingelegtes Gemüse

Rau cai chua

Für 6 Personen

2 große Karotten, in dünne Stifte geschnitten

500 g Daikon (japanischer Rettich), in dünne Scheiben geschnitten

1 große Gurke, längs halbiert, entkernt und in feine Scheiben geschnitten

3 TL grob gemahlenes Salz

250 ml Reisessig

80 g Zucker

Eingelegtes Gemüse wird in der vietnamesischen Küche sehr häufig verwendet. Eine schnelle Mahlzeit besteht oft aus einer Schale Reis und eingelegtem Gemüse. Sie können das Gemüse jedoch auch als Vorspeise servieren.

Karotten, Daikon und Gurke in je eine Schüssel geben und mit jeweils 1 Teelöffel Salz bestreuen. 1 Stunde ziehen lassen und das ausgetretene Wasser abgießen.

Essig und Zucker in eine große nicht metallische Schüssel geben und so lange rühren, bis sich der Zucker vollständig aufgelöst hat. Karotten, Daikon und Gurke zugeben und sorgfältig vermengen. Unter gelegentlichem Rühren

1 Stunde ziehen lassen. Vor dem Servieren das Gemüse aus der Lake heben und gut abtropfen lassen.

Tipp

Dieses Gericht ist eine ausgezeichnete Beilage für gegrilltes Fleisch und Fisch. Im Kühlschrank aufbewahrt, hält sich das eingelegte Gemüse bis zu 2 Wochen.

Süßsaurer Krautsalat

Goi cai

Für 6 Personen

120 ml Fischsauce

120 ml frisch gepresster Limettensaft

120 g Palmzucker oder Zucker

2 EL Pflanzenöl

3 rote Thai-Chillies, entkernt und in feine Ringe geschnitten

1 kleiner Weißkohl, fein gehobelt

2 große Karotten, in dünne Stifte geschnitten

1 kleine rote Zwiebel, in feine Ringe geschnitten

12 große frische Thai-Basilikumblätter, zerzupft, oder 1 Handvoll frische Korianderblätter

Kohl und Karotten werden fein gehobelt und in einem Dressing aus Fischsauce, Limettensaft, Zucker und Chillies mariniert. Der Salat kann als Vorspeise oder als Beilage zu Hühnchen, Garnelen oder Schweinebraten serviert werden.

Fischsauce, Limettensaft und Zucker in einer nicht metallischen Schüssel so lange verrühren, bis sich der Zucker vollständig aufgelöst hat. Öl, Chillies, Kohl, Karotten und Zwiebel zugeben und gut vermengen. Die Schüssel abdecken und den Salat etwa 30–60 Minuten ziehen lassen.

Vor dem Servieren den Sud abgießen und den Salat mit den Basilikumblättern garnieren.

Tipp

Falls Sie gern einen farblichen Akzent setzen möchten, ersetzen Sie Weiß- durch Rotkohl oder mischen Sie die beiden Kohlsorten.

Salat aus grüner Papaya

Goi du du

Für 6 Personen

120 ml frisch gepresster Limettensaft

80 ml Fischsauce

80 g Palmzucker oder Zucker

1 große grüne Papaya, geschält, entkernt und in sehr feine Streifen geschnitten

2 kleine Karotten, in feine Streifen geschnitten

3 rote Thai-Chillies, entkernt und in feine Ringe geschnitten

80 g trocken geröstete ungesalzene Erdnüsse, gehackt

1 Handvoll frische Korianderblätter oder 12 frische Thai-Basilikumblätter, zerzupft

Dieser Salat ist ein vietnamesischer Klassiker. Er wird mit einem süßsauren Dressing auf Fischsaucenbasis hergestellt und zum Schluss mit Erdnüssen und Koriander bestreut. So schmeckt er vor allem im Sommer wunderbar erfrischend.

Limettensaft, Fischsauce und Zucker in eine nicht metallische Schüssel geben und so lange verrühren, bis sich der Zucker vollständig aufgelöst hat. Papaya, Karotten und Chillies zufügen und gut vermengen. Die Schüssel abdecken und den Salat etwa 30 Minuten ziehen lassen.

Vor dem Servieren den Sud abgießen und den Salat mit Erdnüssen und Korianderblättern bestreuen.

Tipp

Falls Sie keine grüne Papaya erhalten, können Sie auch grüne Mango verwenden. Achten Sie aber darauf, dass das Fruchtfleisch auch grün und noch nicht gelb und reif ist.

Grünes Wok-Gemüse

Cai xao

Für 6 Personen

2 EL Pflanzenöl

2 große Knoblauchzehen, in feine Scheiben geschnitten

700–900 g grünes Blattgemüse, beispielsweise Wasserspinat, geputzt

Fischsauce, zum Abschmecken

Pfeffer

In Vietnam wird dieses Gericht traditionell mit Wasserspinat zubereitet. Dieser ist meist in Asia-Shops erhältlich. Falls Sie keinen Wasserspinat erhalten, können Sie auch Pak Choi, chinesischen Brokkoli oder anderes Blattgemüse verwenden.

Das Öl in einem Wok oder einer großen Pfanne erhitzen. Den Knoblauch zugeben und goldbraun braten.

Das Gemüse zufügen und 2–4 Minuten pfannenrühren, bis es gar, aber noch bissfest ist. Mit Fischsauce und Pfeffer abschmecken und servieren.

Tipp

Am besten schmeckt dieses Gericht, wenn es mit asiatischem Blattgemüse zubereitet wird. Asiatischer Wasserspinat hat lange, spitz zulaufende Blätter und hohle Stängel.

Die Speisechrysantheme, die in Asien auch gern als Blattgemüse verwendet wird, hat längliche, stark gefiederte Blätter, die etwas an glatte Petersilie erinnern. Chinesischer Brokkoli ist ein Blattkohlgewächs und mit unserem einheimischen Brokkoli nicht zu vergleichen, da seine Knospen keinen Kopf ausbilden. Für dieses Gericht können jedoch auch Zuckerschoten oder Schlangenbohnen verwendet werden. Sie können den Salat auch mit in Streifen geschnittenen Shiitake-Pilzen verfeinern.

Gemüse-Curry

Cari cai

Für 6 Personen

2 Stängel Zitronengras

60 ml Pflanzenöl

3 große Knoblauchzehen, zerdrückt

1 große Schalotte, in dünne Ringe geschnitten

2 EL indisches Currypulver

750 ml Kokosmilch

500 ml Kokoswasser (keine Kokosmilch) oder Gemüsebrühe

2 EL Fischsauce

4 frische rote Thai-Chillies

6 Kaffir-Limettenblätter

1 Karotte, diagonal in 1 cm breite Scheiben geschnitten

1 kleine Thai-Aubergine, in 2,5 cm große Stücke geschnitten

100 g Bambussprossen aus der Dose, abgespült und abgetropft (siehe Tipp)

100 g Zuckerschoten

12 große Shiitake-Pilze, Stiele entfernt und Kappen halbiert

500 g schnittfester Tofu, abgetropft und in 2,5 cm große Würfel geschnitten

Zum Garnieren

12 frische Thai-Basilikumblätter oder 1 Handvoll frische Korianderblätter

gebratene Schalottenringe (siehe Seite 9)

Currys und indische Gewürze sind vor allem in Südvietnam sehr beliebt, wo der indische Einfluss auf die Küche besonders stark ist. Traditionell wird dieses Gemüse-Tofu-Curry mit französischem Baguette serviert.

Die äußeren Blätter und den Wurzelansatz der Zitronengrasstängel entfernen. Den unteren weißen Teil halbieren und leicht zerdrücken.

Das Öl im Wok oder einem großen Topf erhitzen. Knoblauch und Schalotte zugeben und unter Rühren goldbraun braten. Zitronengras und Currypulver zufügen und 2 Minuten pfannenrühren, bis sie zu duften beginnen. Mit Kokosmilch, Kokoswasser und Fischsauce ablöschen. Chillies und Limettenblätter zugeben und alles zum Kochen bringen. Dann die Hitze reduzieren. Karotte und Aubergine zufügen und den Wok bedecken. Das Curry etwa 10 Minuten köcheln lassen.

Bambussprossen, Zuckerschoten, Pilze und Tofu unterrühren und weitere 5 Minuten garen. Auf Teller verteilen, mit Basilikumblättern und gebratenen Schalottenringen garnieren und sofort servieren.

Tipp

Bambussprossen aus dem Glas oder der Dose sind schon vorgegart. Wählen Sie vorzugsweise ganze Sprossen und schneiden Sie sie selbst in Scheiben. Da Bambussprossen schnell Fremdgeschmack annehmen, sollte Dosenware kurz in Wasser blanchiert werden oder gut gewässert werden, um ihr einen eventuellen Blechgeschmack zu entziehen.

Gebratener Tofu mit Zitronengrassauce

Dau hu xao xa

Für 6 Personen

- 3 EL Fischsauce
- 3 EL frisch gepresster Limetten- oder Zitronensaft
- 3 EL Zucker
- 1 Stängel Zitronengras
- 4–5 EL Pflanzenöl
- 1 große Schalotte, fein gehackt
- 1 große Knoblauchzehe, fein gehackt
- 1 rote Thai-Chili, entkernt und fein gehackt
- 900 g schnittfester Tofu, abgetropft und quer in 1 cm breite Scheiben geschnitten
- 6 frische Korianderstängel, zum Garnieren

Tofu gelangte aus China nach Vietnam. Er wird geschmort, gebraten oder als Suppeneinlage serviert. In diesem Gericht wird gebratener Tofu mit Zitronengras, Schalotten, Knoblauch und Chili aromatisiert.

Fischsauce, Limettensaft und Zucker in eine nicht metallische Schüssel geben und so lange verrühren, bis sich der Zucker vollständig aufgelöst hat. Beiseitestellen.

Die äußeren Blätter und die Wurzel vom Zitronengrasstängel entfernen. Den unteren weißen Teil halbieren und leicht zerdrücken.

2 Esslöffel Öl im Wok oder einer Pfanne erhitzen. Zitronengras, Schalotte, Knoblauch und Chili zugeben und 5 Minuten pfannenrühren. In die Fischsaucenmischung geben und gut verrühren. Beiseitestellen.

Den Wok oder die Pfanne auswischen und weitere 2–3 Esslöffel Öl erhitzen. Die Tofuscheiben portionsweise zugeben und 3 Minuten auf jeder Seite anbraten, bis die Scheiben goldbraun und knusprig sind. Aus dem Wok heben und auf Küchenpapier abtropfen lassen.

Die Tofuscheiben auf Teller verteilen und mit der Zitronengrassauce beträufeln. Mit Korianderstängeln garnieren und sofort servieren.

Süßspeisen

Desserts sind in Vietnam eher unüblich. Wie auch in der chinesischen Küche wird darauf geachtet, dass die fünf Geschmäcker – sauer, süß, salzig, scharf und bitter – angesprochen werden. Die süße Geschmacksrichtung ist in den Hauptspeisen eines Menüs vorhanden, sodass ein Dessert eigentlich überflüssig ist. Meist werden am Ende einer Mahlzeit zur Erfrischung frische Früchte angeboten.

Die süßen Gerichte in diesem Kapitel werden oft als Zwischenmahlzeit oder zu Kaffee oder Tee gereicht. Bananen sind in Vietnam eine beliebte Zutat für Süßspeisen, weshalb sich in diesem Kapitel auch zwei verschiedene Zubereitungsweisen für dieses köstliche Obst finden.

Tapiokasuppe mit Banane & Kokos

Che chuoi

Für 6 Personen

750 ml Kokosmilch

750 ml Wasser

80 g Palmzucker oder Zucker

½ TL Salz

90 g Tapioka

2 reife Bananen, geschält, längs geviertelt und in 1 cm große Würfel geschnitten

geröstete Sesamsaat, zum Garnieren

Tapioka ist die Stärke aus der Maniokwurzel und wird in ganz Südostasien für Süßspeisen verwendet. Je nach Geschmack können Sie die Tapiokamenge etwas variieren. Die Suppe kann heiß, warm oder gekühlt serviert werden.

Kokosmilch und Wasser in einem großen Topf zum Kochen bringen, dann die Hitze reduzieren. Zucker, Salz und Tapioka einrühren und 30 Minuten unter ständigem Rühren sanft köcheln lassen, bis die Tapiokakügelchen weich und durchsichtig sind.

Den Topf vom Herd nehmen und die Bananen untermischen. Den Topf bedecken und die Süßspeise 10 Minuten ziehen lassen.

Die Tapiokasuppe auf Suppenschalen verteilen und mit der gerösteten Sesamsaat garnieren. Nach Belieben heiß, warm oder leicht gekühlt servieren.

Mungbohnensuppe

Che dau xanh

Für 6 Personen

250 g geschälte gespaltene gelbe Mungbohnen, 3 Stunden in kaltem Wasser eingeweicht und abgetropft

1 l Kokosmilch

80 g Palmzucker oder Zucker

1/2 TL Salz

geröstete Sesamsaat, zum Garnieren

Für diese Süßspeise werden gelbe gespaltene Mungbohnen (*Moong Dal*) gegart, püriert und in gesüßte Kokosmilch gerührt. Das Resultat ist eine köstliche süße Suppe, die meist heiß zum Frühstück oder als Zwischenmahlzeit serviert wird.

Die Mungbohnen in einen mittleren Topf geben und mit so viel Wasser auffüllen, dass sie etwa 1 cm hoch bedeckt sind. Das Wasser zum Kochen bringen, dann die Hitze auf mittlere Stufe reduzieren. Die Bohnen unter gelegentlichem Rühren etwa 20–25 Minuten köcheln lassen, bis das Wasser vollständig absorbiert ist.

Die Bohnen abgießen und durch ein Haarsieb in eine Schüssel streichen, sodass eine sehr feine Paste entsteht.

Die Kokosmilch in einen Topf füllen und bei mittlerer Hitze köcheln lassen. Die Mungbohnenpaste, Palmzucker und Salz zugeben und glatt rühren. Weitere 5 Minuten unter Rühren garen, bis die Suppe heiß ist.

Auf Suppenschalen verteilen, mit geröstetem Sesam bestreuen und servieren.

Ausgebackene Bananen

Chuoi chien

Für 6 Personen

Pflanzenöl, zum Frittieren
120 g Mehl
2 EL Zucker
½ TL Salz
2 TL Backpulver
2 große Eier
350 ml Kokosmilch
12 reife Baby-Bananen, geschält
6 EL Reisschnaps oder Rum (nach Belieben)

Zum Garnieren

Puderzucker
geröstete Sesamsaat

Diese Süßspeise ist eine Variation der französischen *Bananes flambées*. Die Bananen können nach dem Frittieren noch flambiert werden. Mit Puderzucker und geröstetem Sesam bestreut, schmeckt diese Süßspeise einfach köstlich.

Einen kleinen bis mittleren Topf zur Hälfte mit Öl füllen und dieses auf 180–190 °C erhitzen (ein Brotwürfel bräunt darin innerhalb von 30 Sekunden).

Mehl, Zucker, Salz und Backpulver in einer Schüssel vermengen, eine Vertiefung in die Mitte drücken und Eier und Kokosmilch hineingeben. Die Zutaten nach und nach zu einem glatten Teig verarbeiten. Die Bananen in den Teig tauchen, sodass sie vollständig und gleichmäßig überzogen sind.

Die Bananen nun portionsweise in das heiße Fett tauchen und etwa 5–7 Minuten frittieren, bis sie goldbraun und knusprig sind. Mit einem Schaumlöffel herausnehmen und auf Küchen-papier abtropfen lassen. Je 2 Bananen auf einem Dessertteller anrichten.

Nun nach Belieben zum Flambieren pro Portion 1 Esslöffel Reisschnaps mit einem Streichholz anzünden und über die Bananen träufeln. Den Alkohol verbrennen lassen. Dann die Bananen mit Puderzucker und Sesamsaat bestreuen und sofort servieren.

Kokoskuchenwürfel

Banh khoai mi

Ergibt 1 Kuchen

Butter, zum Einfetten

500 ml Kokosmilch

300 g Palmzucker oder Zucker

1/2 TL Salz

900 g Maniokwurzel, geschält und geraspelt

Südostasiatische Süßspeisen enthalten häufig Palmzucker und Kokosmilch. Bei diesem Rezept werden diese beiden Zutaten mit Maniokwurzel vermengt und zu einem schmackhaften Kuchen verarbeitet.

Den Backofen auf 190 °C vorheizen. Eine rechteckige Backform (30 cm x 23 cm) großzügig mit Butter einfetten.

Kokosmilch, Zucker und Salz in eine Schüssel geben und so lange verrühren, bis sich der Zucker vollständig aufgelöst hat. Die Maniokwurzel zugeben und die Zutaten gründlich vermengen.

Den Teig in die vorbereitete Form füllen und glatt streichen. Etwa 1 1/4 Stunden goldbraun backen. Auskühlen lassen und in 5 cm große Quadrate schneiden. Zu Kaffee oder Tee servieren.

Kokosdrink mit Mango

Che ba mau

Für 6 Personen

200 g getrocknete Azukibohnen, 4 Stunden in Wasser eingeweicht und abgetropft

200 g geschälte gespaltene gelbe Mungbohnen, 3 Stunden in Wasser eingeweicht und abgetropft

750 ml Kokosmilch

80–120 g Palmzucker oder Zucker

1 TL Salz

1 große vollreife Mango, gewürfelt

geröstete Sesamsaat, zum Garnieren

zerstoßene Eiswürfel, zum Servieren

Dieses farbenfrohe Getränk besteht aus Kokosmilch, roten Azukibohnen, gelben Mungbohnen und gewürfelten Mangos. Es wird meist mit zerstoßenen Eiswürfeln als Nachmittagssnack gereicht.

Azukibohnen in einen mittleren Topf geben und mit so viel Wasser aufgießen, dass die Bohnen 5 cm hoch bedeckt sind. Bei starker Hitze zum Kochen bringen, dann die Hitze auf mittlere Stufe reduzieren und unter gele-gentlichem Rühren 2 Stunden garen, bis das Wasser vollständig absorbiert ist und die Bohnen weich sind.

In der Zwischenzeit die Mungbohnen in einen weiteren Topf geben und mit so viel Wasser aufgießen, dass die Bohnen 1 cm hoch bedeckt sind. Bei starker Hitze zum Kochen bringen, dann die Hitze auf mittlere Stufe reduzieren und unter gelegentlichem Rühren 20–25 Minuten garen, bis das Wasser vollständig absorbiert ist.

Die Kokosmilch in einen kleinen Topf geben und bei starker Hitze zum Kochen bringen. Die Hitze auf mittlere Stufe reduzieren und Zucker und Salz unterrühren.

Die Zutaten nun in folgender Reihenfolge in 6 hohen Gläsern schichten: 2–3 Esslöffel Kokosmilch, 2 Esslöffel Azukibohnen, etwas zerstoßenes Eis, 3 Esslöffel Kokosmilch, 2 Esslöffel Mungbohnen, zerstoßenes Eis, 2–3 Esslöffel Kokosmilch und 2 Esslöffel Mangowürfel. Mit geröstetem Sesam bestreuen und mit Eislöffeln servieren.

Süßer Milchkaffee

Ca phe

Für 6 Personen

- 6 EL gezuckerte Kondensmilch
- Zucker, nach Geschmack
- 6 frisch aufgebrühte doppelte Espressi oder 6 halbe Tassen frisch aufgebrühter starker Filterkaffee
- Eiswürfel, zum Servieren (nach Belieben)

Starker, frisch aufgebrühter Kaffee und Kondensmilch werden für dieses in ganz Südostasien beliebte Getränk verrührt und nach Belieben heiß oder gut gekühlt serviert.

Je 1 Esslöffel Kondensmilch und Zucker nach Geschmack in jede Tasse geben. Den heißen Kaffee darübergießen und gut verrühren.

Für Eiskaffe die Tassen zur Hälfte mit Eiswürfeln füllen und servieren.

Tipp

Für Eistee kann der Kaffee einfach durch starken Schwarztee ersetzt werden.

Register

Ananas
Rindfleisch-Fondue mit Sardellen-Ananas-Sauce 19
Scharfsaure Fisch-Ananas-Suppe 14

Bananen
Ausgebackene Bananen 89
Tapiokasuppe mit Banane & Kokos 84
Bohnensprossen
Crêpes mit Bohnensprossen & Shiitake-Pilzen 32
Knusprige Crêpes mit Schweinefleisch & Garnelen 31
Reisnudelsuppe mit Garnelen, Tintenfisch & Jakobsmuscheln 22
Reisnudelsuppe mit Rindfleisch 20

Crêpes
Crêpes mit Bohnensprossen & Shiitake-Pilzen 32
Knusprige Crêpes mit Schweinefleisch & Garnelen 31
Curry
Gemüse-Curry 78
Hühnchen-Curry 55

Eier
Ausgebackene Bananen 89
Gefüllte Krebse 40
Geschmortes Schweinefleisch in Karamellsud 52
Ente in Orangensauce 58
Erdnüsse
Pikante Erdnusssauce 68
Reisnudeln mit Fisch, Erdnüssen & Kräutern 24
Salat aus grüner Papaya 74

Fisch
Knusperfisch mit Tomaten & Kräutern 44
Reisnudeln mit Fisch, Erdnüssen & Kräutern 24
Rindfleisch-Fondue mit Sardellen-Ananas-Sauce 19
Scharfsaure Fisch-Ananas-Suppe 14
Süßsaure Fischsauce 66
Fleischspieße, Gegrillte 50
Frühlingsrollen mit Schweinefleisch 39
Frühlingszwiebeln
Crêpes mit Bohnensprossen & Shiitake-Pilzen 32
Ente in Orangensauce 58
Garnelenröllchen 47
Gefüllte Krebse 40
Geschmortes Schweinefleisch in Karamellsud 52
Hühnchen-Reisbrei mit Zitronengras 27
Reis mit Hühnchen, Minze & Schalotten 28
Reisnudeln mit Fisch, Erdnüssen & Kräutern 24
Scharfsaure Fisch-Ananas-Suppe 14
Sommerrollen mit Garnelen 34
Sommerrollen mit Tofu 36
Spargel-Krebsfleisch-Suppe 16

Garnelen
Garnelenröllchen 47
Knusprige Crêpes mit Schweinefleisch & Garnelen 31
Reisnudelsuppe mit Garnelen, Tintenfisch & Jakobsmuscheln 22
Sommerrollen mit Garnelen 34
Gemüse-Curry 78
Gemüse, Eingelegtes 70

Hühnchen
Gebratene Stubenküken mit Knoblauch 56
Hühnchen-Curry 55
Hühnchen-Reisbrei mit Zitronengras 27
Reis mit Hühnchen, Minze & Schalotten 28

Kaffee: Süßer Milchkaffee 94
Karotten
Crêpes mit Bohnensprossen & Shiitake-Pilzen 32
Eingelegtes Gemüse 70
Geschmortes Rindfleisch mit Karotten 61
Hühnchen-Curry 55
Knusprige Crêpes mit Schweinefleisch & Garnelen 31
Salat aus grüner Papaya 74
Süßsaurer Krautsalat 73
Knusperfisch mit Tomaten & Kräutern 44
Kokosmilch
Ausgebackene Bananen 89
Crêpes mit Bohnensprossen & Shiitake-Pilzen 32
Gemüse-Curry 78
Hühnchen-Curry 55
Knusprige Crêpes mit Schweinefleisch & Garnelen 31
Kokosdrink mit Mango 92
Kokoskuchenwürfel 90
Mungbohnensuppe 86
Pikante Erdnusssauce 68
Tapiokasuppe mit Banane & Kokos 84
Krautsalat, Süßsaurer 73
Krebsfleisch
Gefüllte Krebse 40
Spargel-Krebsfleisch-Suppe 16

Mango: Kokosdrink mit Mango 92
Mungbohnen
Kokosdrink mit Mango 92
Mungbohnensuppe 86

Papaya: Salat aus grüner Papaya 74
Pilze
Crêpes mit Bohnensprossen & Shiitake-Pilzen 32
Frühlingsrollen mit Schweinefleisch 39
Gefüllte Krebse 40
Gemüse-Curry 78

Reis mit Hühnchen, Minze & Schalotten 28
Reisnudeln
Reisnudeln mit Fisch, Erdnüssen & Kräutern 24
Reisnudelsuppe mit Garnelen, Tintenfisch & Jakobsmuscheln 22
Reisnudelsuppe mit Rindfleisch 20
Sommerrollen mit Garnelen 34
Sommerrollen mit Tofu 36
Rindfleisch
Geschmortes Rindfleisch mit Karotten 61
Reisnudelsuppe mit Rindfleisch 20
Rindfleisch-Fondue mit Sardellen-Ananas-Sauce 19
Rindfleisch in Weinblättern 62

Salat aus grüner Papaya 74
Sardellen: Rindfleisch-Fondue mit Sardellen-Ananas-Sauce 19
Schweinefleisch
Frühlingsrollen mit Schweinefleisch 39
Gegrillte Fleischspieße 50
Geschmortes Schweinefleisch in Karamellsud 52
Knusprige Crêpes mit Schweinefleisch & Garnelen 31
Schweinefleischbällchen 48
Sommerrollen mit Garnelen 34
Sommerrollen mit Tofu 36
Spargel-Krebsfleisch-Suppe 16
Stubenküken mit Knoblauch, Gebratene 56

Tapiokasuppe mit Banane & Kokos 84
Tintenfisch: Reisnudelsuppe mit Garnelen, Tintenfisch & Jakobsmuscheln 22
Tofu
Gebratener Tofu mit Zitronengrassauce 80
Gemüse-Curry 78
Sommerrollen mit Tofu 36

Wok-Gemüse, Grünes 77

Zitronengras
Ente in Orangensauce 58
Gebratener Tofu mit Zitronengrassauce 80
Gegrillte Fleischspieße 50
Gemüse-Curry 78
Geschmortes Rindfleisch mit Karotten 61
Hühnchen-Curry 55
Hühnchen-Reisbrei mit Zitronengras 27
Rindfleisch-Fondue mit Sardellen-Ananas-Sauce 19
Rindfleisch in Weinblättern 62